婷婷讲
成语故事

1

胡婷婷 著

岳麓书社 · 长沙

目录

bá miáo zhù zhǎng
拔苗助长

gǔ shí hou yǒu gè rén xián hé miáozhǎng de tài màn
古时候有个人嫌禾苗长得太慢，
jiù yì kē kē de wǎng shàng bá qǐ yì diǎnr huí jiā
就一棵棵地往上拔起一点儿，回家
hái kuā kǒu shuō jīn tiān wǒ bāng zhù miáozhǎng le
还夸口说：“今天我帮助苗长了！”
tā ér zi tīng shuō hòu dào dì lǐ yí kàn miáo dōu sǐ
他儿子听说后，到地里一看，苗都死
le zhè ge gù shi chū zì mèng zǐ rén men yòng
了。这个故事出自《孟子》。人们用
bá miáo zhù zhǎng lái bǐ yù wéi fǎn shì wù de fā zhǎn
“拔苗助长”来比喻违反事物的发展
guī lǜ jí yú qiú chéng fǎn ér huài shì
规律，急于求成，反而坏事。

扫一扫
听成语故事

小朋友，图中两片农田里都种着一些禾苗，你觉得哪一片最后能收获香喷喷的大米，哪一片会早早地枯萎呢？

农田 1：

农田 2：

我会写

苗 一 十 艹 艹 节 苗 苗 苗

长 ノ 𠂉 长 长

塞翁失马

边塞上有一个老头儿丢了一匹马，别人来安慰他。他说：“怎么知道这不是福呢？”后来这匹马竟带着一匹好马回来了。这个故事出自《淮南子》。人们用“塞翁失马”来比喻坏事在一定条件下可以变为好事。

扫一扫
听成语故事

好多马儿呀！小朋友，老头儿意外得到的那匹帅气的胡马就在这群马里面，你觉得最有可能是哪一匹呢？

我会写

塞	丶	丷	宀	宀	宀	宇
宙	宙	宑	寊	寒	寒	塞

失	丿	𠂉	𠂉	生	失

掩耳盗铃

有个小偷想偷一口大钟，打算用锤子将钟敲成小块。谁知一锤下去，响声大作。小偷害怕别人听见，马上用手捂住自己的耳朵，结果被当场抓住。这个故事出自《吕氏春秋》。人们用“掩耳盗铃”来比喻自己欺骗自己，明明掩盖不住的事偏要设法掩盖。

扫一扫
听成语故事

小朋友，你知道小偷是沿着怎样的路线，穿过主人的花园，进到院子里来偷钟的吗？

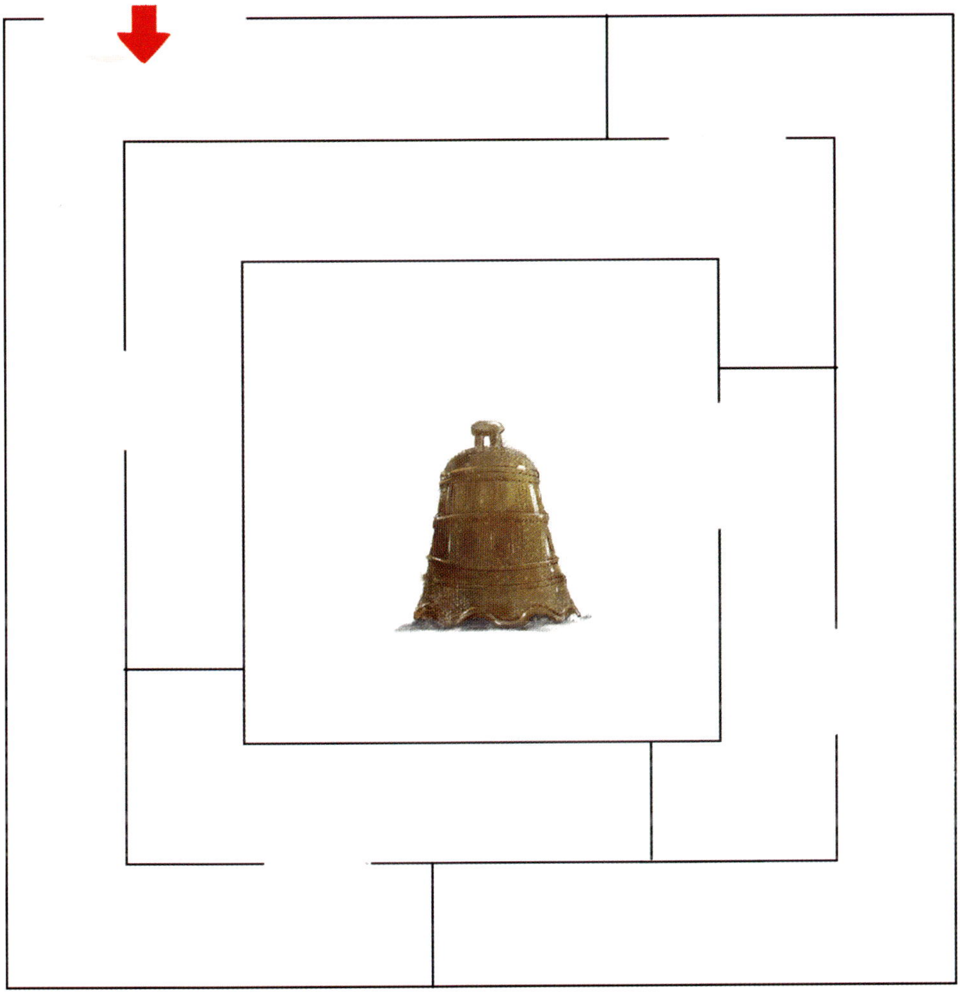

我会写

耳

铃

mǎi dú huán zhū
买椟还珠

yǒu gè chǔ guó shāng rén dào zhèng guó qù mài zhēn
有个楚国商人到郑国去卖珍
zhū wèi le tū xiǎn zhēn zhū de míng guì tā bǎ
珠。为了凸显珍珠的名贵，他把
zhēn zhū zhuāng zài yí gè huá lì de xiá zi lǐ yǒu
珍珠装在一个华丽的匣子里。有
gè zhèng guó rén mǎi xià le xiá zi què bǎ zhēn zhū
个郑国人买下了匣子，却把珍珠
tuì huán le zhè ge gù shi chū zì hán fēi zǐ
退还了。这个故事出自《韩非子》。
rén men yòng mǎi dú huán zhū lái bǐ yù méi yǒu
人们用“买椟还珠”来比喻没有
yǎn guāng qǔ shě bú dàng
眼光，取舍不当。

扫一扫
听成语故事

小朋友，看着柜台里五颜六色的珍珠，你有没有发现什么规律呢？用画笔把那一颗没有颜色的珍珠涂上漂亮的色彩吧！

我会写

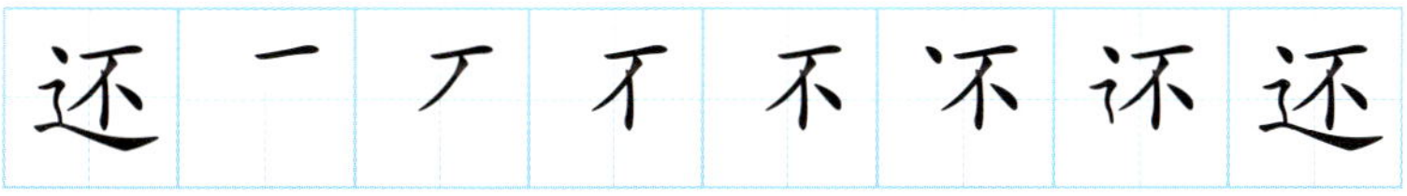

huà shé tiān zú

画蛇添足

chǔ guó yǒu rén bǐ sài huà shé kàn shuí huà
楚国有人比赛画蛇，看谁画
de yòu kuài yòu hǎo yǒu gè rén hěn kuài jiù huà hǎo
得又快又好，有个人很快就画好
le tā kàn bié rén dōu méi yǒu huà hǎo biàn gěi
了。他看别人都没有画好，便给
shé tiān shàng jiǎo dǎo zhì shū le bǐ sài zhè
蛇添上脚，导致输了比赛。这
ge gù shi chū zì zhàn guó cè rén men
个故事出自《战国策》。人们
yòng huà shé tiān zú lái bǐ yù zuò duō yú de
用“画蛇添足”来比喻做多余的
shì fǎn ér bú qià dàng
事，反而不恰当。

扫一扫
听成语故事

小朋友，你能把上面动物的头和脚连起来吗？

我会写

狐假虎威

一只老虎在森林里寻找猎物，抓到一只狐狸。老虎要吃狐狸，狐狸说自己是天帝派来管理百兽的，老虎若不信，可以跟它到森林里走一趟。老虎跟着狐狸到森林里去。百兽见到它们都吓得拼命逃跑。可是老虎不知道百兽是害怕自己而逃的，以为它们真的是害怕狐狸呢！

这个故事出自《战国策》。人们用“狐假虎威”来比喻倚仗别人的势力来欺压人。

扫一扫
听成语故事

小朋友，森林里的小动物看到老虎来了，纷纷藏了起来。你能从图中找到多少种动物呢？

我会写

shú néng shēng qiǎo
熟能生巧

běi sòng shí chén yáo zī yīn shàn yú shè jiàn ér fēi cháng dé yì yí gè
北宋时，陈尧咨因善于射箭而非常得意。一个
mài yóu wēng kàn jiàn hòu rèn wéi nà bú guò shì shú liàn le jiù néng zuò dào de shì
卖油翁看见后，认为那不过是熟练了就能做到的事。
jiàn chén yáo zī bù fú qì mài yóu wēng biàn ná chū yì méi tóng qián fàng zài hú lu kǒu
见陈尧咨不服气，卖油翁便拿出一枚铜钱放在葫芦口
shàng màn man jiāng yóu dī jìn qù qián kǒng jìng méi zhān dào yì diǎnr yóu chén yáo
上，慢慢将油滴进去，钱孔竟没沾到一点儿油。陈尧
zī zhè cái xīn fú kǒu fú zhè ge gù shi chū zì ōu yáng xiū de guī tián lù
咨这才心服口服。这个故事出自欧阳修的《归田录》。
rén men yòng shú néng shēng qiǎo lái bǐ yù shú liàn le jiù néng chǎn shēng qiǎo bàn fǎ
人们用“熟能生巧”来比喻熟练了就能产生巧办法，
huò zhǎo chū qiào mén
或找出窍门。

扫一扫
听成语故事

卖油翁只有两个容量分别为三升和五升的壶，一个顾客想买两升油，卖油翁会怎么做呢？

我会写

能

巧

hán dān xué bù
邯郸学步

zhàn guó shí yǒu gè yān guó rén dào hán dān qù kàn
战国时有个燕国人到邯郸去，看
dào nà lǐ de rén zǒu lù zī shì hěn měi jiù gēn zhe rén
到那里的人走路姿势很美，就跟着人
jia xué jié guǒ bú dàn méi xué huì fǎn ér lián zì
家学，结果不但没学会，反而连自
jǐ yuán lái de zǒu fǎ yě wàng diào le zhǐ hǎo pá zhe
己原来的走法也忘掉了，只好爬着
huí qù zhè ge gù shi chū zì zhuāng zǐ rén
回去。这个故事出自《庄子》。人
men yòng hán dān xué bù lái bǐ yù mó fǎng bié rén bù
们用“邯郸学步”来比喻模仿别人不
chéng fǎn ér sàng shī le yuán yǒu de jì néng
成，反而丧失了原有的技能。

扫一扫
听成语故事

小明要通过一段长度 20 米的石板路，一共只能走 4 步，他可以选择哪几条路走到对面？

我会写

学	丶	丶丶	丶丶丿	丶丶丿丶	𰀁	学	学	学

步	丨	⺊	𠄌	止	𣥂	𣥂	步

刻舟求剑

楚国有个人渡江时剑从船上掉入水里，他在船帮上剑落的地方刻上记号，等船停下，从刻记号的地方下水找剑，结果自然找不到。这个故事出自《吕氏春秋》。人们用“刻舟求剑”来比喻拘泥成例，不知道跟着情势的变化而改变看法或办法。

扫一扫
听成语故事

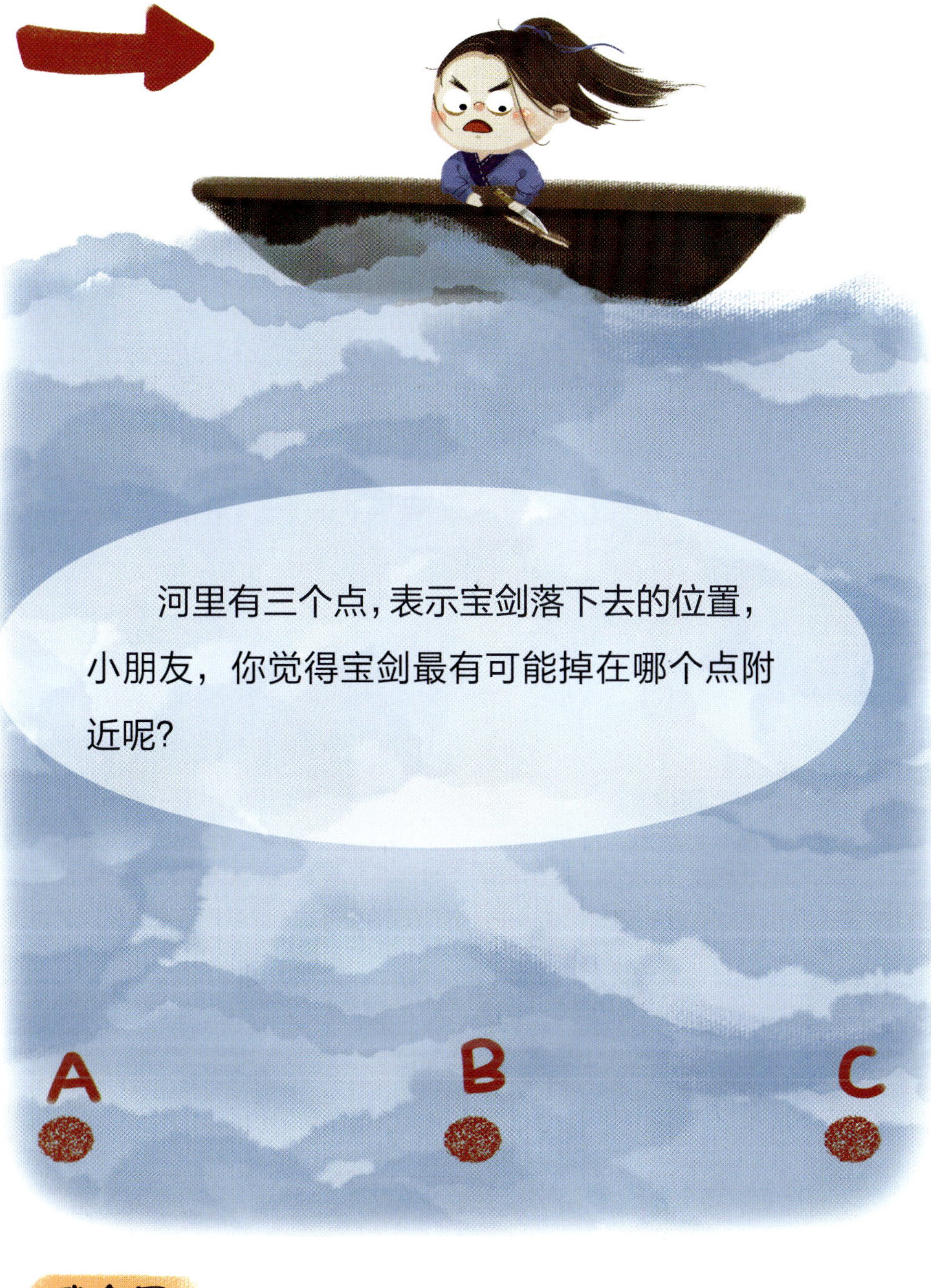

河里有三个点，表示宝剑落下去的位置，小朋友，你觉得宝剑最有可能掉在哪个点附近呢?

我会写

舟

求

亡羊补牢

楚国大臣庄辛回复被迫流亡的楚顷襄王征召时说，见到兔子才想起猎犬，还不算晚；羊跑了再想修补羊圈，也不算迟。这个故事出自《战国策》。人们用“亡羊补牢”来比喻在受到损失之后想办法补救，免得以后再受类似的损失。

扫一扫
听成语故事

羊圈里有两种不同的羊，小朋友，你能分清哪些是绵羊，哪些是山羊吗？它们各有多少只？

我会写

亡	丶	亠	亡

羊	丶	丷	䒑	䒑	兰	羊

囊萤映雪

东晋车胤家中贫穷，没钱买灯油，夏天的晚上捉萤火虫放在白绢袋里，借萤火虫的微光读书。这个故事出自《晋书》。南朝宋孙康家中贫穷没钱买蜡烛，冬天的晚上借窗外雪的反光读书。这个故事出自《南史》。人们用“囊萤映雪”比喻学习勤奋刻苦。

扫一扫
听成语故事

小朋友，你知道上面哪幅图是冬天，哪幅图是夏天吗？

我会写

映

雪

fēi é pū huǒ
飞蛾扑火

dào gài shì liáng cháo rén hěn yǒu cái xué tā de sūn zi dào jìn yě hěn yǒu cái huá yǒu yí cì huáng dì kàn dào dào jìn de shī fēi cháng xīn shǎng biàn gěi dào gài kàn hái zèng gěi dào gài yì shǒu shī shī zhōng yǐn chū fēi é fù huǒ yì yǔ

到溉是梁朝人，很有才学，他的孙子到荩也很有才华。有一次，皇帝看到到荩的诗，非常欣赏，便给到溉看，还赠给到溉一首诗，诗中引出“飞蛾赴火”一语。

zhè ge gù shi chū zì liáng shū rén men yòng fēi é pū huǒ lái bǐ yù zì qǔ miè wáng

这个故事出自《梁书》。人们用“飞蛾扑火”来比喻自取灭亡。

扫一扫
听成语故事

我会写

飞	乁	飞	飞

火	丶	丷	少	火

扑	一	十	扌	扌	扑

不耻下问

春秋时期，卫国大夫孔圉死后予谥“文”。子贡问孔子为什么。孔子说，孔圉爱好学问，又谦虚下问，不以为耻，所以用“文”做谥号。这个故事出自《论语》。人们用“不耻下问”来比喻不以向地位比自己低、知识比自己少的人请教为可耻。

扫一扫
听成语故事

打击乐器	管弦乐器	弹拨乐器
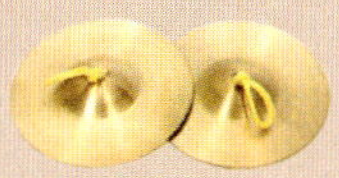		

小朋友，关于乐器的知识，你知道多少呢？判断一下，以上乐器当中，哪些是打击乐器，哪些是管弦乐器，哪些是弹拨乐器？

我会写

不 一 丆 不 不

问 丶 丨 门 门 问 问

盲人摸象

几个盲人摸一头大象，摸到腿的说大象像一根柱子，摸到身躯的说大象像一堵墙，摸到尾巴的说大象像一条蛇，各抒己见，争论不休。这个故事出自《大般涅槃经》。人们用“盲人摸象”来比喻对事物了解不全面，以偏概全，乱加揣测。

扫一扫
听成语故事

小朋友，盲人们分别摸到的是大象的哪个部位呢？请你连一连。

我会写

郑人买履

有个郑国人想买鞋，先在家里量好脚的尺寸，再上街去买鞋，待选好鞋才发现尺寸忘带，就回去拿，等返回时集市已经散了。有人问他为什么不直接用脚试，他说宁肯相信尺寸，也不相信自己的脚。这个故事出自《韩非子》。人们用“郑人买履”来讽刺只相信教条、不顾客观实际的人。

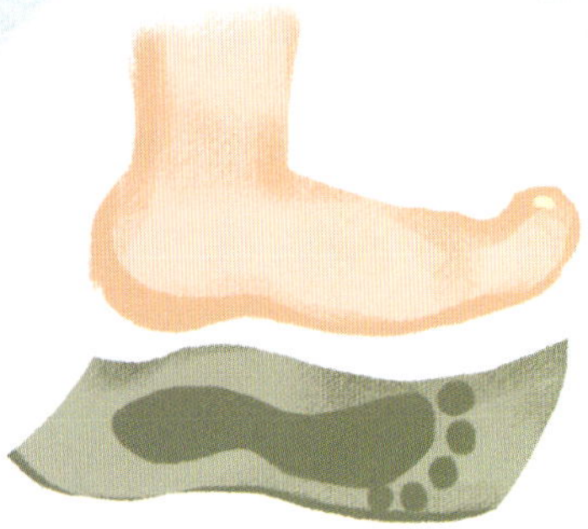

扫一扫
听成语故事

26厘米 ☐　　0.5 米 ☐　　10分米 ☐

郑人的鞋子尺码为 42 码，大致是多长？在以上三个选项中选出正确的打钩吧。

我会写

郑	丶	丷	䒑	兰	关	关	郑	郑

买	乛	乛	乛	买	买	买

cǐ dì wú yín sān bǎi liǎng

此地无银三百两

yǒu rén bǎ yín zi mái zài dì lǐ shàngmiàn xiě le gè
有人把银子埋在地里，上面写了个
cǐ dì wú yín sān bǎi liǎng de zì pái lín jū lǐ sì
“此地无银三百两”的字牌；邻居李四
kàn dào zì pái wā chū yín zi zài zì pái de lìng yí miàn
看到字牌，挖出银子，在字牌的另一面
xiě shàng duì mén lǐ sì wèi céng tōu zhè ge chéng yǔ
写上“对门李四未曾偷”。这个成语
chū zì mín jiān gù shi rén men yòng tā lái jiè zhǐ dǎ chū de
出自民间故事。人们用它来借指打出的
huǎng zi zhèng hǎo bào lù le suǒ yào yǎn shì de nèi róng
幌子正好暴露了所要掩饰的内容。

扫一扫
听成语故事

古时候的十六两为一斤，小朋友，三百两银子和上图中哪件东西的重量最接近呢?

我会写

无	一	二	于	无

百	一	丆	了	丙	百	百

负荆请罪

战国时，蔺相如拜为上卿，位在廉颇之上。廉颇不服，想侮辱蔺相如，蔺相如处处退让。廉颇感到很惭愧，就脱了上衣，背着荆条，向蔺相如请罪。这个故事出自《史记》。人们用“负荆请罪”来表示主动向对方承认错误，请求责罚。

扫一扫
听成语故事

小朋友，上面三幅图画的是廉颇负荆请罪的经过，你能标出先后顺序吗?

我会写

负	ノ	⺈	⺈	刍	负	负

请	丶	讠	讠	讠	讠	讠	讠	请	请	请

对牛弹琴

公明仪有一次看见一头牛在低头吃草，便高兴地为牛弹奏曲子。可是不管琴声多么悠扬，牛还是低头吃草。这个故事出自汉牟融《理惑论》。人们用“对牛弹琴”来比喻对不懂道理的人讲道理，对外行人说内行话，也用来讥笑说话的人不看对象。

扫一扫
听成语故事

小朋友，公明仪拿出以上哪种物品最有可能吸引水牛的注意呢？说一说理由。

我会写

hè lì jī qún

鹤立鸡群

jī shào shì wèi jìn shí zhú lín qī xián zhī yī
嵇绍是魏晋时“竹林七贤”之一
jī kāng de ér zi zhǎng de yīng jùn kuí wu yí biǎo
嵇康的儿子，长得英俊魁梧，仪表
chū zhòng yǒu rén jiàn le tā hòu duì tā fù qīn de hǎo
出众。有人见了他后，对他父亲的好
yǒu wáng róng shuō zuó tiān zài zhòng rén zhōng jiàn dào jī
友王戎说：“昨天在众人中见到嵇
shào qì yǔ xuān áng rú tóng yě hè rù jī qún zhī zhōng
绍，器宇轩昂如同野鹤入鸡群之中。”
zhè ge gù shi chū zì zhú lín qī xián lùn rén men
这个故事出自《竹林七贤论》。人们
yòng hè lì jī qún lái bǐ yù yí gè rén de cái néng
用“鹤立鸡群”来比喻一个人的才能
hé yí biǎo zài yì qún rén lǐ tou xiǎn de hěn tū chū
和仪表在一群人里头显得很突出。

扫一扫
听成语故事

普通人的身高是六尺，嵇绍比平常人高了两尺，但嵇绍比他父亲嵇康矮半尺，请问，嵇康比普通人高多少尺？

我会写

立	丶	亠	亣	立	立

鸡	㇇	又	又′	对	对	鸡	鸡

朝三暮四

有个玩猴子的人拿橡子喂猴子。他跟猴子说，早上给每个猴子三个橡子，晚上给四个，所有猴子听了都急了；后来他又说，早上给四个，晚上给三个，所有猴子就都高兴了。这个故事出自《庄子》。人们原用“朝三暮四”来比喻聪明人善于使用手段，愚笨的人不善于辨别事情，后来形容反复无常。

扫一扫
听成语故事

小朋友，数一数下图中一共有多少只猴子，如果每只猴子每天需要 9 个橡子，它们每天共需要多少个橡子呢？

我会写

wàng méi zhǐ kě

望梅止渴

cáo cāo dài bīng zǒu dào yí gè méi yǒu shuǐ de
曹操带兵走到一个没有水的
dì fang shì bīng men kě de hěn cáo cāo piàn tā
地方，士兵们渴得很，曹操骗他
men shuō qián miàn yǒu yí piàn méi shù lín
们说：“前面有一片梅树林，
méi zi hěn duō yòu tián yòu suān shì bīng men
梅子很多，又甜又酸。”士兵们
tīng le dōu liú chū kǒu shuǐ lái bú zài rǎng
听了，都流出口水来，不再嚷
kě zhè ge gù shi chū zì shì shuō xīn yǔ
渴。这个故事出自《世说新语》。
rén men yòng wàng méi zhǐ kě lái bǐ yù yòng
人们用“望梅止渴”来比喻用
kōngxiǎng huò jiǎ xiàng ān wèi zì jǐ
空想或假象安慰自己。

扫一扫
听成语故事

胜利就在前方了。士兵们每分钟走 70 米，再走 5 分钟就可以喝上水啦，小朋友，你知道现在士兵们离水源的距离是多少米吗？

我会写

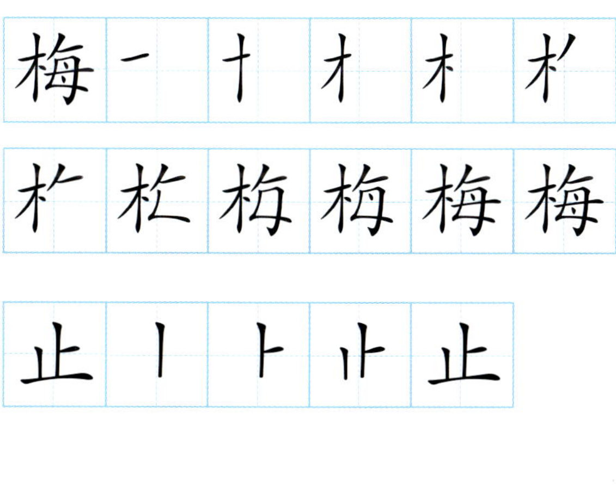

老马识途

管仲跟随齐桓公去打仗，回来时迷了路。管仲放老马在前面走，就找到了回齐国的路。这个故事出自《韩非子》。人们用“老马识途”来比喻阅历多的人富有经验，熟悉情况，能起引导作用。

扫一扫
听成语故事

小朋友，老马带领大家顺利回到齐国的路线是哪一条呢？

我会写

老	一	十	土	耂	耂	老

识	丶	讠	讠	访	讵	识	识

爱屋及乌

周武王攻克商都后，不知如何处置商朝旧臣。军师建议全部杀掉，并说：“如果喜欢一个人，就连他房顶上的乌鸦都喜欢；如果不喜欢一个人，就连他家的墙壁都讨厌。”这个故事出自《尚书大传》。人们用“爱屋及乌”来比喻爱一个人而连带地关心到跟他有关系的人或物。

扫一扫
听成语故事

小朋友，你知道屋顶上那只乌鸦的影子是哪一个吗？

我会写

屋	㇇	㇇	尸	尸	层	层	层	犀	屋

乌	ノ	㇇	乌	乌

画龙点睛

张僧繇在壁上画龙而没有点眼睛，说点了龙就会飞走。人们不相信，偏叫他点上。结果，刚点上眼睛，就雷电大作，所画的龙震破墙壁，乘云上天。这个故事出自唐代张彦远的《历代名画记》。人们用“画龙点睛”来比喻作文或说话时在关键地方加上精辟的语句，使内容更加生动传神。

扫一扫
听成语故事

小朋友，你能按照数字从小到大的顺序，把龙的身子画出来吗?

我会写

龙	一	ナ	九	龙	龙

睛	丨	冂	月	日	目	盯
盯	盽	眭	睛	睛	睛	睛

dǎn xiǎo rú shǔ

胆小如鼠

běi wèi tuò bá qìng hé zài rèn dōng yù zhōu cì shǐ shí qià féng xiāo yǎn gōng chéng tā jǔ chéng ér xiáng bèi xiāo yǎn fēng wéi wèi wáng hòu běi wèi chū shī tǎo fá tā yòu wàng fēng tuì zǒu yú shì xiāo yǎn zé bèi tā dǎn liàng rú tóng xī shǔ zhè ge gù shi chū zì wèi shū rén men yòng dǎn xiǎo rú shǔ huò dǎn xiǎo rú xī lái xíng róng dǎn liàng jí xiǎo

北魏拓跋庆和在任东豫州刺史时，恰逢萧衍攻城。他举城而降，被萧衍封为魏王。后北魏出师讨伐，他又望风退走。于是，萧衍责备他：“胆量如同鼷鼠。”这个故事出自《魏书》。人们用“胆小如鼠”或“胆小如鼷”来形容胆量极小。

扫一扫
听成语故事

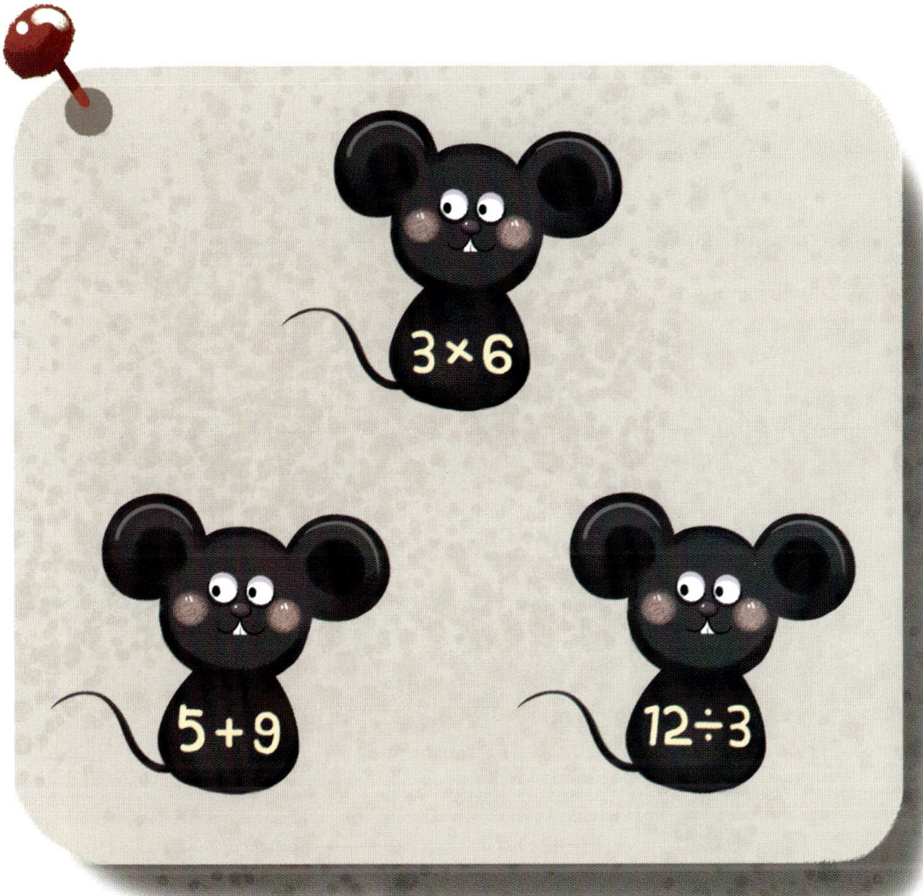

小朋友，算一算，上图中哪只老鼠的胆子最小呢？

我会写

胆	丿	冂	月	月	月	肌	肌	胆	胆

如	ㄑ	女	女	女	如	如

婷婷讲
成语故事

2

胡婷婷 著

岳麓書社·长沙

目录

惊弓之鸟

魏王和“神箭手”更羸站在高台上，刚好一只大雁飞过，更羸只拉开弓弦，大雁便应声落地。魏王不解。更羸说：“这只大雁受了伤，飞得低，听到弓弦响，就拼命向上飞，一用力伤口便撕裂了，因此落地。”这个故事出自《战国策》。人们用“惊弓之鸟”来比喻受过惊恐见到一点儿动静就特别害怕的人。

扫一扫
听成语故事

小朋友，天上有三只鸟，你觉得惊弓之鸟最有可能是哪一只？

我会写

弓 ㇆ コ 弓　　之 丶 ㇇ 之

地 一 十 土 ⺗ 坤 地

xuě zhōng sòng tàn

雪中送炭

běi sòng tài zōng nián jiān tiān jiàng dà xuě tiān qì hán lěng sòng tài zōng jì guà
北宋太宗年间，天降大雪，天气寒冷。宋太宗记挂
bǎi xìng pài guān yuán jiāng liáng shi hé mù tàn sòng gěi nà xiē qióng rén hé gū kǔ líng dīng
百姓，派官员将粮食和木炭送给那些穷人和孤苦伶仃
de lǎo rén zhè ge gù shi chū zì sòng shǐ rén men yòng xuě zhōng sòng tàn
的老人。这个故事出自《宋史》。人们用“雪中送炭”
bǐ yù zài bié rén jí xū de shí hou gěi yǐ bāng zhù
比喻在别人急需的时候给以帮助。

扫一扫
听成语故事

小朋友，上面哪只箱子里的东西是下雪时百姓最需要的呢？

我会写

中	丨	𠃌	口	中

炭	丨	𠃊	山	山	岸	岸	岸	炭	炭

半途而废

东汉时期，书生乐羊子外出求学，学了一年就因思乡而返家。妻子剪织布机上的绸子告诫他做事要持之以恒。他听了之后，重新踏上求学之路，坚持了七年，终于学成归来。这个故事出自《礼记》。人们用“半途而废”来形容做事情没有完成而终止。

扫一扫
听成语故事

小朋友，你有没有发现图中脚印里面这些数字的规律？你能继续接下去吗？

我会写

半 丶 丷 䒑 兰 半

而 一 丆 丆 丙 而 而

卧薪尝胆

春秋末年，越国被吴国打败，越王勾践立志报仇。他睡在柴草上，吃饭、睡觉前都要尝一尝苦胆，策励自己不忘耻辱。后来，他终于打败了吴国。这个故事出自《史记》。人们用“卧薪尝胆”来形容人刻苦自励，立志雪耻图强。

扫一扫
听成语故事

A

B

C

D

小朋友，上图中空出的一块应该是 A、B、C、D 中的哪一块呢？

我会写

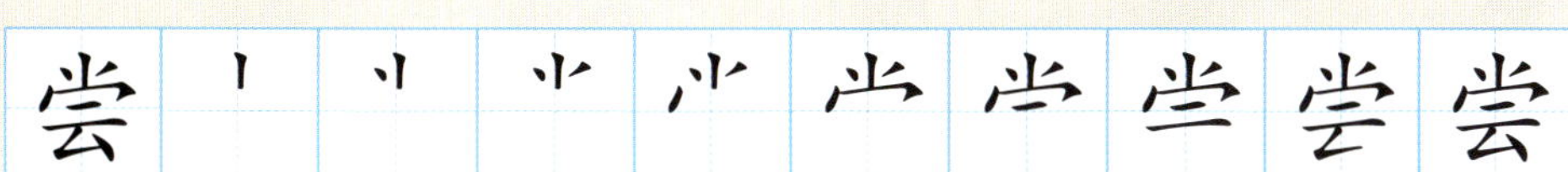

làn yú chōng shù

滥竽充数

齐宣王用三百人吹竽，南郭先生不会吹，混在中间充数。这个故事出自《韩非子》。人们用“滥竽充数”来借指没有真正的才干，而混在行家里面充数，或拿不好的东西混在好的里面充数。

扫一扫
听成语故事

小朋友，你找到滥竽充数的南郭先生了吗？

我会写

竽	丿	𠂉	⺮	⺮	⺮	⺮	竺	竺	竽
充	丶	亠	亠	云	产	充			

yā què wú shēng

鸦雀无声

lián wū yā hé má què de jiào shēng dōu méi yǒu
连乌鸦和麻雀的叫声都没有。

yǔ chū sòng dài shì dào yuán jǐng dé chuándēng lù
语出宋代释道原《景德传灯录》：
gōng yuē yā qù wú shēng yún hé yán wén
“公曰：‘鸦去无声，云何言闻？’”
rén men yòng yā què wú shēng lái xíng róng zì rán huán
人们用“鸦雀无声”来形容自然环
jìng hěn jìng huò xíng róng rén men mò bú zuò shēng yì
境很静，或形容人们默不作声，一
shēng bù xiǎng
声不响。

扫一扫
听成语故事

小朋友，树上有很多种鸟，仔细观察后回答：乌鸦和麻雀分别有多少只？

我会写

hóng hú zhī zhì

鸿鹄之志

qín cháo mò nián chénshèng hé yì xiē gù gōng zài dì
秦朝末年，陈胜和一些雇工在地
lǐ gàn huó xiū xi shí gù gōng men tán qǐ shí jú
里干活。休息时，雇工们谈起时局，
lián shēng tàn qì chén shèng shuō jiāng lái wú lùn shuí
连声叹气。陈胜说：“将来无论谁
fù guì le wǒ men dōu bú yào wàng diào bǐ cǐ gù
富贵了，我们都不要忘掉彼此。”雇
gōng shuō wǒ men dōu shì gēng tián de nǎ lǐ lái de
工说：“我们都是耕田的，哪里来的
fù guì ne chénshèng tàn xī shuō yàn zi hé má
富贵呢？”陈胜叹息说：“燕子和麻
què nǎ lǐ néng zhī dào dà yàn tiān é de zhì xiàng a
雀哪里能知道大雁、天鹅的志向啊！”
zhè ge gù shi chū zì shǐ jì rén men yòng hóng
这个故事出自《史记》。人们用“鸿
hú zhī zhì lái bǐ yù yuǎn dà de zhì xiàng
鹄之志”来比喻远大的志向。

扫一扫
听成语故事

小朋友，还有哪些动物要比燕子、麻雀小呢？请你想一想，画出两个来吧！

我会写

鸿

志 一 十 士 志 志 志

wén jī qǐ wǔ
闻鸡起舞

dōng jìn shí zǔ tì hé liú kūn èr rén wéi hǎo yǒu
东晋时，祖逖和刘琨二人为好友，
cháng cháng hù xiāng miǎn lì bàn yè tīng dào jī míng jiù qǐ
常常互相勉励，半夜听到鸡鸣就起
chuáng wǔ jiàn zhè ge gù shi chū zì jìn shū rén
床舞剑。这个故事出自《晋书》。人
men yòng wén jī qǐ wǔ lái zhǐ zhì shì jí shí fèn fā
们用“闻鸡起舞”来指志士及时奋发。

扫一扫
听成语故事

小朋友，如果第一只公鸡在早上叫一声，第二只公鸡叫两声，第三只公鸡叫四声，那么早上一共会听到多少声鸡叫呢？

我会写

闻	丶	丨	门	门	门	门	门	闻	闻

起	一	十	土	丰	丰	走	走	起	起	起

守口如瓶

北宋富弼与王安石主张变法不合，就辞去宰相之职，回到故乡隐居。他主张闭口不谈，就像瓶口塞紧了一样。这个故事出自《癸辛杂识》。人们用“守口如瓶”来形容说话慎重或严守秘密。

扫一扫
听成语故事

小朋友，仔细观察上图，根据不同瓶子的特征找出与之对应的瓶盖，并把它们连起来。

我会写

守	丶	[illegible]	宀	[illegible]	[illegible]	守

瓶	丶	丷	䒑	[illegible]	[illegible]	并	[illegible]	[illegible]	[illegible]	瓶

水滴石穿

张乖崖当县令时发现管钱库的小吏偷了一文钱。他认为钱虽少，但这就像水不停地滴就能把石头滴穿一样，小罪最终会发展成大罪，于是下令重罚了小吏。这个故事出自宋朝罗大经的《鹤林玉露》。人们用“水滴石穿”来比喻力量虽小，只要坚持不懈，事情就能成功。

扫一扫
听成语故事

小朋友，你觉得上图哪块石头被水滴穿的速度会快一点儿？

我会写

滴

穿

xiōng yǒu chéng zhú

胸有成竹

huà zhú zi shí xīn lǐ yǒu yì fú zhú zi de xíng xiàng yǔ chū sòng cháo
画竹子时心里有一幅竹子的形象。语出宋朝
cháo bǔ zhī shī yǔ kě huà zhú shí xiōng zhōng yǒu chéng zhú yǔ kě shì
晁补之诗“与可画竹时，胸中有成竹”（与可是
sòng dài huà jiā wén tóng de zì rén men yòng tā bǐ yù zuò shì zhī qián yǐ
宋代画家文同的字）。人们用它比喻做事之前已
jīng yǒu tōng pán de kǎo lǜ
经有通盘的考虑。

扫一扫
听成语故事

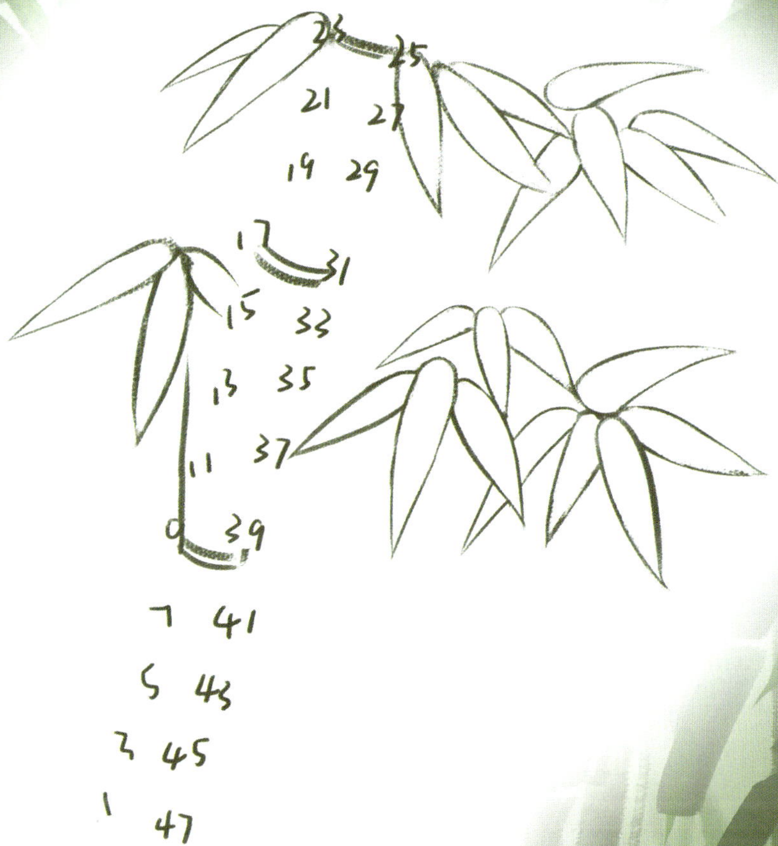

小朋友，这些数字有什么共同点呢？请按照从小到大的顺序连一连吧，连完后再涂上颜色。

我会写

胸

竹

yí lín dào fǔ

疑邻盗斧

yǒu gè rén diū le fǔ tóu biàn huái yí shì
有个人丢了斧头，便怀疑是
lín jū tōu qù le yīn cǐ gǎn jué lín jū de suǒ
邻居偷去了，因此感觉邻居的所
yǒu xíng wéi dōu fēi cháng kě yí guò le yí duàn
有行为都非常可疑。过了一段
rì zi tā zhǎo dào le zì jǐ de fǔ tóu yú
日子，他找到了自己的斧头，于
shì yòu jué de lín jū bú zài xiàng shì tōu fǔ tóu
是又觉得邻居不再像是偷斧头
de rén le zhè ge gù shi chū zì liè zǐ
的人了。这个故事出自《列子》。
rén men yòng yí lín dào fǔ lái bǐ yù méi yǒu
人们用“疑邻盗斧”来比喻没有
gēn jù de hú luàn cāi cè
根据地胡乱猜测。

扫一扫
听成语故事

小朋友，农夫又找不到他的斧头了，你来帮他找找看吧！

我会写

邻	丿	𠆢	亽	今	令	令了	邻

盗	丶	冫	冫丿	冫𠂊	次
次	次	盗	盗	盗	盗

yù bàng xiāng zhēng
鹬蚌相争

bàng zhāng kāi ké shài tài yáng yù qù zhuó
蚌张开壳晒太阳，鹬去啄
tā bèi bàng ké qián zhù le zuǐ liǎng fāng dōu bù
它，被蚌壳钳住了嘴，两方都不
kěn xiāng ràng yú wēng lái le bǎ yù hé bàng yí
肯相让。渔翁来了，把鹬和蚌一
xià dōu zhuō zhù le zhè ge gù shi chū zì zhàn
下都捉住了。这个故事出自《战
guó cè rén men cháng yòng yù bàng xiāng zhēng
国策》。人们常用“鹬蚌相争，
yú rén dé lì lái bǐ yù shuāng fāng zhēng zhí bú
渔人得利”来比喻双方争执不
xià ràng dì sān fāng dé le hǎo chù
下，让第三方得了好处。

扫一扫
听成语故事

小朋友，仔细观察一下，上图水中的倒影有哪几处是错误的?

我会写

相	一	十	才	木	相	机	相	相	相

争	ノ	ク	今	刍	刍	争

井底之蛙

井里的青蛙对东海的鳖说："我独占一坑的水，真是太快活了！"鳖看着狭小的水井，对青蛙讲起了大海："生活在无边无际的大海里，才是最快乐的啊！"这个故事出自《庄子》。人们用"井底之蛙"来比喻见识狭小的人。

扫一扫
听成语故事

小朋友，这口井有7米，青蛙白天往上跳3米，晚上又下滑2米，青蛙第几天能跳出去呢？

我会写

井	一	二	井	井

蛙	丶	冂	口	中	虫	虫

虫一	虫十	虫土	虫圭	虫圭	蛙

qiān lǐ sòng é máo
千里送鹅毛

táng cháo shí qī shǐ zhě miǎn bó gāo
唐朝时期，使者缅伯高
jìn gòng tiān é gěi táng tiān zǐ tú zhōng
进贡天鹅给唐天子，途中
tiān é fēi zǒu le zhǐ liú xià yí piàn yǔ
天鹅飞走了，只留下一片羽
máo miǎn bó gāo zhǐ hǎo xiàng táng tiān zǐ xiàn
毛。缅伯高只好向唐天子献
shàng tiān é de yǔ máo bìng shuō lǐ
上天鹅的羽毛，并说：“礼
qīng rén yì zhòng qiān lǐ sòng é máo
轻人意重，千里送鹅毛。”
zhè ge gù shi chū zì lù shǐ rén
这个故事出自《路史》。人
men yòng qiān lǐ sòng é máo lái bǐ yù
们用“千里送鹅毛”来比喻
lǐ wù wēi bó ér qíng yì shēnzhòng
礼物微薄而情意深重。

扫一扫
听成语故事

小朋友，上面的符号“★”“■”“●”“▲”“▼”分别代表哪个数字？你能帮使者解答出问题，使他们顺利来到唐朝吗？

我会写

里	丨	冂	冃	曰	甲	甲	里

送	丶	丷	䒑	兰	关	关	关	㳟	送

如鱼得水

刘备和诸葛亮日渐亲厚，关羽、张飞都很不服。刘备解释说："我自从有了诸葛亮的辅佐，就像鱼儿有了水一样。"这个故事出自《三国志》。人们用"如鱼得水"来形容遇到的人跟自己很投合或所处的环境对自己很适合。

扫一扫
听成语故事

小朋友，你有没有从上图看出什么规律呢？把水里那几条没有颜色的鱼儿涂上颜色吧。

我会写

鱼	丿	⺈	⺈	𠂊	𠂊	角	鱼	鱼

水	亅	刁	氺	水

jīn chán tuō qiào

金蝉脱壳

jīn chán zài tuì biàn shí běn tǐ tuō lí pí qiào
金蝉在蜕变时，本体脱离皮壳
ér zǒu zhǐ liú xià chán tuì hái guà zài zhī tóu zhè
而走，只留下蝉蜕还挂在枝头。这
ge chéng yǔ chū zì yuán dài guān hàn qīng de xiè tiān
个成语出自元代关汉卿的《谢天
xiāng rén men yòng jīn chán tuō qiào lái bǐ yù
香》。人们用“金蝉脱壳”来比喻
yòng jì táo tuō ér shǐ duì fāng bù néng jí shí fā jué
用计逃脱而使对方不能及时发觉。

扫一扫
听成语故事

小朋友，图中哪只蝉是真的呢？

我会写

三顾茅庐

东汉末年，刘备请隐居在隆中（今湖北襄阳附近）草舍的诸葛亮出来运筹划策，去了三次才见到。这个故事出自《三国志》。人们用“三顾茅庐”来指诚心诚意一再邀请。

扫一扫
听成语故事

小朋友，你能看出上面两张图有几处不同的地方吗？请一一指出来。

我会写

茅	一	十	艹	艹	艹	茎	茅	茅
庐	丶	亠	广	广	庐	庐	庐	

jī máo suàn pí

鸡毛蒜皮

hěn zǎo yǐ qián yǒu liǎng jiā lín jū fēn bié yǐ mài jī hé mài suàn wéi shēng guā fēng shí jī máo hé suàn pí huì bèi chuī jìn duì fāng de yuàn zi lǐ liǎng jiā cháng wèi cǐ zhēng chǎo yǒu yì tiān liǎng jiā nào dào fǔ yá xiàn guān nù chì zhè děng jī máo suàn pí de xiǎo shì yě lái duì bù gōng táng zhè ge gù shi chū zì mín jiān chuán shuō rén men yòng jī máo suàn pí lái bǐ yù wú guān jǐn yào de suǒ shì

很早以前，有两家邻居分别以卖鸡和卖蒜为生。刮风时，鸡毛和蒜皮会被吹进对方的院子里，两家常为此争吵。有一天，两家闹到府衙，县官怒斥：“这等鸡毛蒜皮的小事也来对簿公堂！”这个故事出自民间传说。人们用“鸡毛蒜皮”来比喻无关紧要的琐事。

扫一扫
听成语故事

小朋友，数一数，图中鸡毛和蒜皮哪一个多呢？

我会写

蒜	一	十	廾	艹	芏	芋
芋	芣	苶	茮	蒜	蒜	蒜

皮	㇇	厂	广	庋	皮

tiān yī wú fèng

天衣无缝

传说有个叫郭翰的人，在夏夜乘凉时见到了仙女。他发现仙女的衣服一条衣缝都没有，于是询问她。仙女回答说：“天衣本来就不是用针线缝制的。”这个故事出自《灵怪录》。人们用“天衣无缝”来比喻事物严密，没有一点儿破绽。

扫一扫
听成语故事

小朋友，织女今天应该选哪一件衣服呢？

我会写

天	一	二	于	天		
衣	丶	亠	𠂉	𧘇	𧘇	衣

道听途说

孔子告诫自己的学生说，在道路上听到传言，又在道路上四处传播，这是有德行的人应该废弃的行为。这个成语出自《论语》。人们用它来指传闻的、没有根据的话。

扫一扫
听成语故事

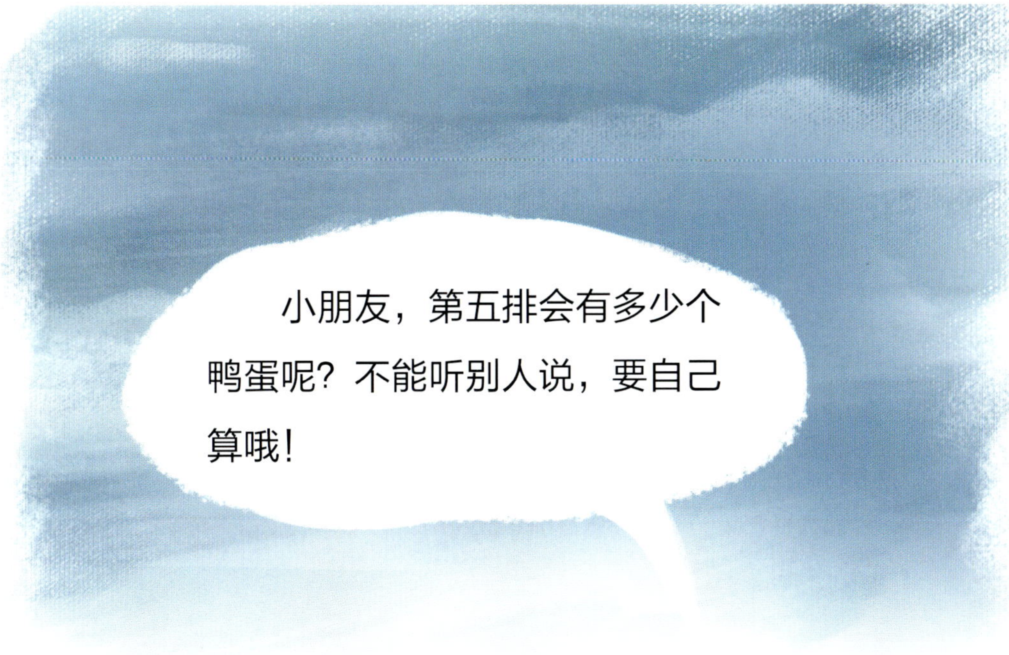

我会写

听

说

哄堂大笑

宋朝时有两个宰相，分别姓冯、和。一天，冯相穿了双新鞋子，和相问他价钱。冯相抬起左脚说：“九百。”和相听后斥责小吏：“我的鞋子怎么花了一千八？”接着，冯相抬起右脚说：“这只也是九百。”大家听了他们的对话后哄堂大笑。这个成语就引于此，出自宋代欧阳修的《归田录》。人们用“哄堂大笑”来形容全屋子的人同时大笑。

扫一扫
听成语故事

小朋友，图中这两个人的鞋子谁的贵一些呢？

我会写

哄	丨	冂	口	口一	口十	口廾	口卄	口共	哄
笑	ノ	𠂉	𥫗	⺮	⺮	⺮	竺	竺	笋	笑

牛头不对马嘴

苏云赴任途中突遭变故，与家中失去联系。弟弟苏雨来到县里找哥哥，说道：“我是苏爷的嫡亲兄弟，特地从涿州家乡而来。”守门的皂隶骂道：“见鬼，大爷自姓高，是江西人，牛头不对马嘴！”这个成语就来源于此，见于《警世通言》。人们用它来比喻答非所问或对不上号。

扫一扫
听成语故事

小朋友，连一连，把图中动物的头和身体连起来。

我会写

头	丶	丷	亠	头	头

马	㇆	马	马

duì zhèng xià yào

对症下药

医生针对病症开方用药。语出《朱子语类》：“克己复礼，便是捉得病根，对证（症）下药。”人们用“对症下药”来比喻针对具体情况、问题，决定解决的办法。

扫一扫
听成语故事

小朋友，图中两包药分别是给谁的呢？

我会写

症	丶	亠	广	疒	疒	疒	疒	疒	症	症

药	一	十	艹	艹	艺	艺	艺	药	药

qīng tíng diǎn shuǐ

蜻蜓点水

qīng tíng zài shuǐ miàn shàng fēi xiáng, chù shuǐ ér guò。yǔ chū táng dài dù fǔ de 《qǔ jiāng》 shī：“chuān huā jiá dié shēn shēn jiàn，diǎn shuǐ qīng tíng kuǎn kuǎn fēi。” rén men yòng “qīng tíng diǎn shuǐ” lái bǐ yù fú qiǎn de jiē chù，fú pí liáo cǎo，hěn bù shēn rù de zuò shì。

蜻蜓在水面上飞翔，触水而过。语出唐代杜甫的《曲江》诗：“穿花蛱蝶深深见，点水蜻蜓款款飞。”人们用“蜻蜓点水”来比喻浮浅地接触，浮皮潦草，很不深入地做事。

扫一扫
听成语故事

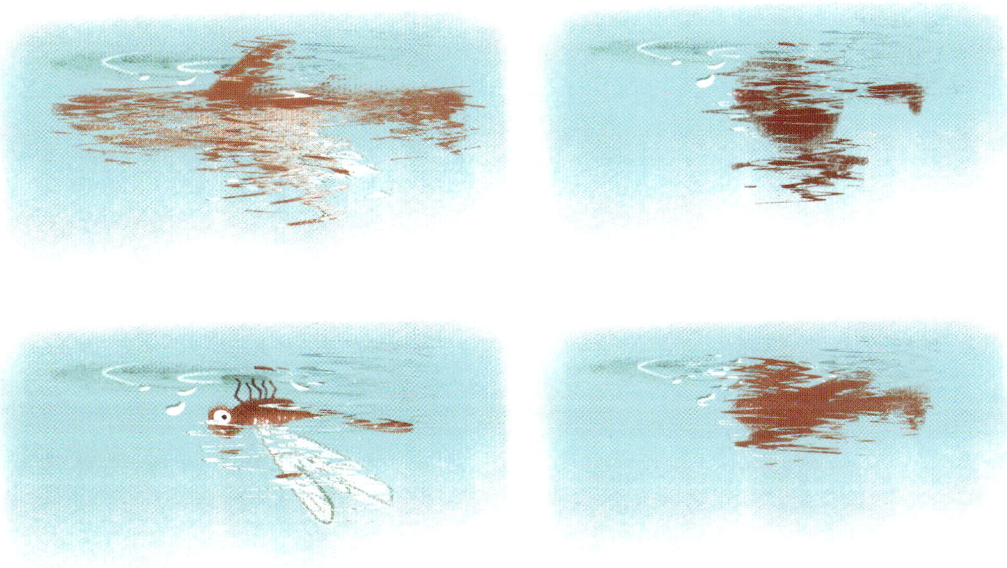

小朋友，图中哪个倒影才是蜻蜓的倒影呢?

我会写

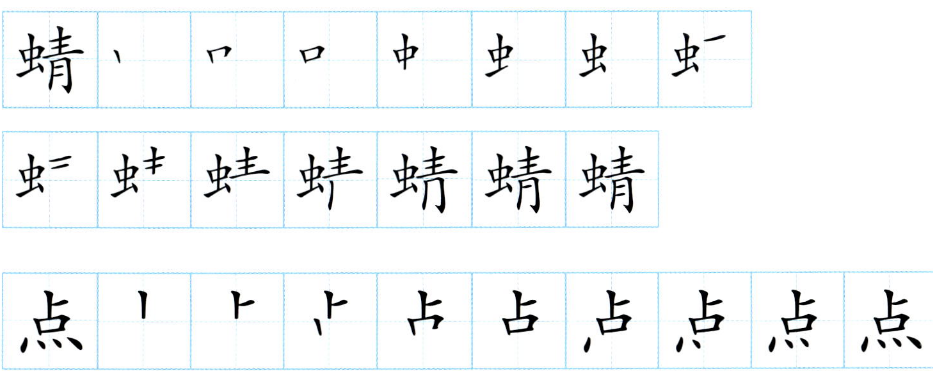

婷婷讲
成语故事

3

胡婷婷 著

岳麓書社·长沙

劉
劉
劉
劉

目 录

zǒu mǎ guān huā

走马观花

qí zài pǎo zhe de mǎ shàng kàn huā yǔ chū táng dài mèng jiāo de dēng kē hòu

骑在跑着的马上看花。语出唐代孟郊的《登科后》

shī chūn fēng dé yì mǎ tí jí yí rì kàn jìn cháng ān huā rén men yòng

诗："春风得意马蹄急，一日看尽长安花。"人们用

zǒu mǎ guān huā lái bǐ yù cōngmáng de bù shēn rù xì zhì de guān chá shì wù

"走马观花"来比喻匆忙地不深入细致地观察事物。

扫一扫
听成语故事

小朋友，你在下图中看到了几种花？请分别说出它们的名字。

我会写

多多益善

西汉初期，韩信投奔项羽，没得到重用，就又投奔刘邦担任汉军的大将军。一次，刘邦问韩信能带多少兵，韩信回答说：“臣多多而益善耳。”这个故事出自《史记》。人们用“多多益善”来指越多越好。

扫一扫
听成语故事

有一天，韩信带领一支二十人左右的小部队去侦察敌情。

在出发列队的时候，他发现，如果每排排三人，则最后一排还剩两人；如果每排排五人，则最后一排还剩三人；如果每排排七人，则最后一排又剩两人。

小朋友，你能推算出韩信具体带了多少名士兵吗？

我会写

多	丿	ク	夕	夕	多	多

益	丶	丷	䒑	䒑	兴	兴	益	益	益	益

毛遂自荐

秦军攻打赵国，平原君奉命到楚国求救，门客毛遂请求同去。到了楚国，平原君跟楚王谈了一上午都没有结果。毛遂挺身而出，陈述利害，楚王才最终答应派兵去救赵国。这个故事出自《史记》。人们用“毛遂自荐”来借指自己推荐自己。

扫一扫
听成语故事

小朋友，请为上面两幅图选择对应的成语：

自告奋勇　　挺身而出

畏缩不前　　自惭形秽

我会写

自	丿	丿丨	冂	白	自	自			
荐	一	十	艹	艹	芦	芓	芓	荐	荐

yè láng zì dà

夜郎自大

yè láng shì hàn dài shí wǒ guó xī nán dì qū de
夜郎是汉代时我国西南地区的
yí gè xiǎo guó hàn cháo shǐ chén dào le diān yún
一个小国。汉朝使臣到了滇（云
nán dì diān wáng wèn hàn cháo hé wǒ men
南）地，滇王问：“汉朝和我们
bǐ nǎ ge dà dào le yè láng guó yè láng
比，哪个大？”到了夜郎国，夜郎
wáng yě zhè yàng wèn yuán lái tā men duì hàn cháo wán
王也这样问。原来他们对汉朝完
quán bù liǎo jiě yǐ wéi zì jǐ de dì pán fēi cháng
全不了解，以为自己的地盘非常
guǎng dà shuí yě bǐ bù liǎo zhè ge gù shi chū zì
广大，谁也比不了。这个故事出自
shǐ jì rén men yòng yè láng zì dà lái
《史记》。人们用“夜郎自大”来
bǐ yù rén wú zhī wàng zì zūn dà
比喻人无知，妄自尊大。

扫一扫
听成语故事

小朋友，你能看出上面哪幅图像文中所提的夜郎国吗？

我会写

指鹿为马

秦朝时，丞相赵高给秦二世进献了一只鹿，但他坚持说这是马。赵高问各位大臣，有的说是马，有的说是鹿。事后，那些说是鹿的大臣都被赵高暗中杀了。这个故事出自《史记》。人们用“指鹿为马”来比喻歪曲事实，颠倒是非。

扫一扫
听成语故事

小朋友，请按照偶数的大小顺序连一连吧，连完之后说一说这是一只什么动物。

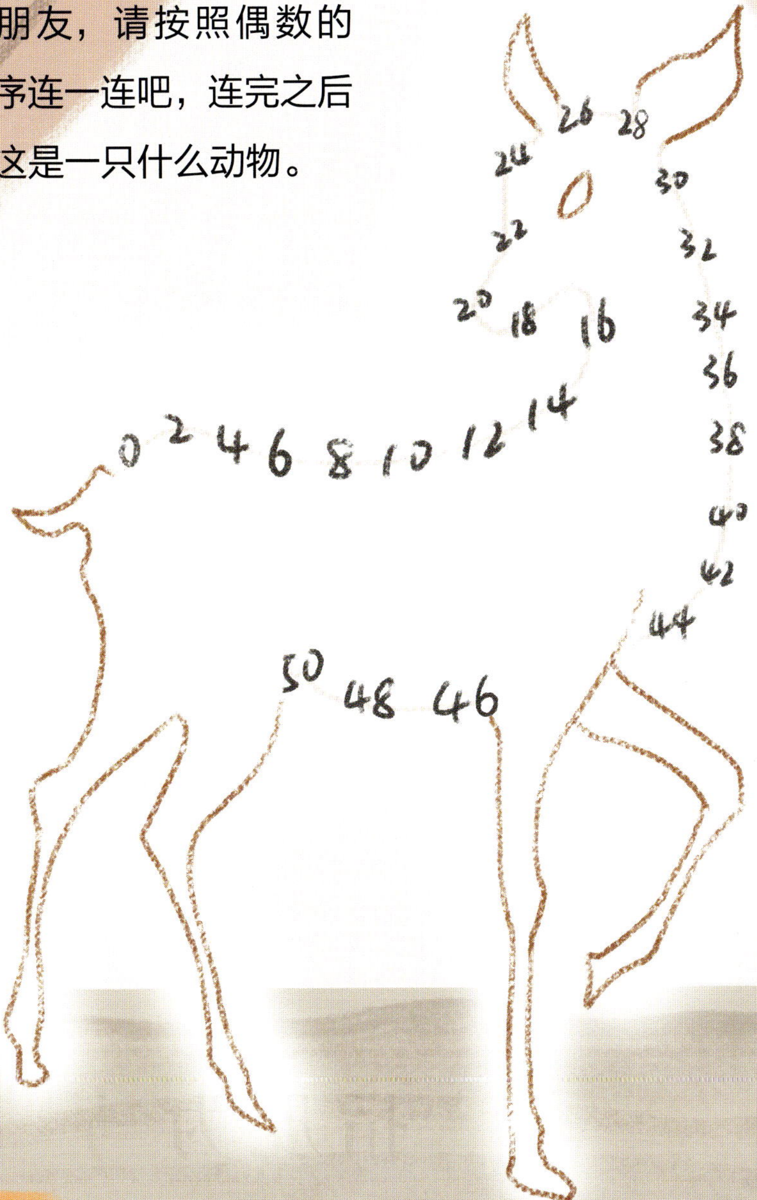

我会写

指 一 十 扌 扌 扌 扌 指 指 指

鹿 丶 亠 广 户 户

庐 严 声 声 声 鹿

bēi gōng shé yǐng
杯弓蛇影

yuè guǎng qǐng kè chī fàn　xí jiān　tā jiā nà zhāng guà zài qiáng
乐广请客吃饭。席间，他家那张挂在墙
shàng de gōng dào yìng zài jiǔ bēi lǐ　kè rén wù yǐ wéi jiǔ bēi lǐ yǒu
上的弓倒映在酒杯里，客人误以为酒杯里有
shé　huí qù hòu yí xīn zì jǐ zhòng le shé dú　jiù shēng bìng le
蛇，回去后疑心自己中了蛇毒，就生病了。
zhè ge gù shi chū zì　jìn shū　rén men yòng　bēi gōng shé yǐng
这个故事出自《晋书》。人们用“杯弓蛇影”
lái bǐ yù yí shén yí guǐ　wàng zì jīng huāng
来比喻疑神疑鬼，妄自惊慌。

扫一扫
听成语故事

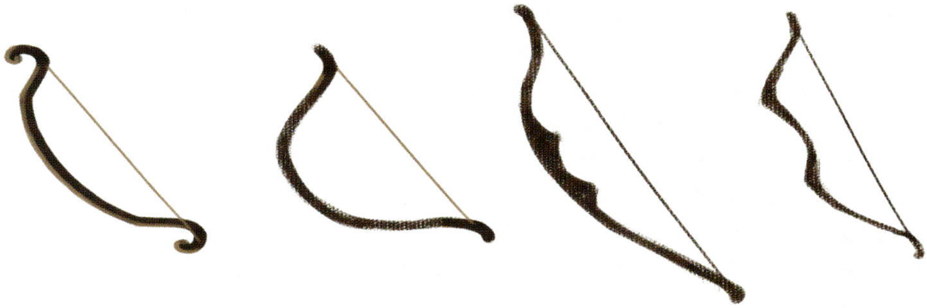

小朋友，杯子里的倒影是哪一张弓的呢?

我会写

蛇	丶	冂	口	中	虫	虫	虫	虫	虫	虫	蛇

影	丶	冂	日	日	日	旦	早
𠮛	𠮛	昮	景	景	景	影	影

伯乐识马

春秋时，孙阳因善于识马被人尊为伯乐。有一次，他受王命寻购良马，最终带回一匹瘦马。经过精心照料，这匹马后来变得精壮神骏，确为千里马。这个故事出自《战国策》。人们用“伯乐识马”来比喻善于发现和选用人才。

扫一扫
听成语故事

小朋友，你知道哪一匹马是伯乐刚带回来的吗？

我会写

伯	丿	亻	亻'	亻	伯	伯	伯

乐	一	匚	乐	乐	乐

zì xiāng máo dùn
自相矛盾

yǒu yí gè chǔ guó rén mài máo yòu mài dùn tā shuō zì jǐ de máo zuì wéi fēng
有一个楚国人卖矛又卖盾。他说自己的矛最为锋
lì wú jiān bú pò yòu shuō zì jǐ de dùn zuì wéi jiān gù wú wù kě pò
利，无坚不破；又说自己的盾最为坚固，无物可破。
yǒu rén wèn yòng nǐ de máo cì nǐ de dùn huì zěn me yàng ne cǐ rén
有人问：“用你的矛刺你的盾，会怎么样呢？”此人
wú yǐ wéi dá zhè ge gù shi chū zì hán fēi zǐ rén men yòng zì xiāng
无以为答。这个故事出自《韩非子》。人们用“自相
máo dùn lái bǐ yù yán xíng bù yī zì xiāng dǐ chù
矛盾”来比喻言行不一，自相抵触。

扫一扫
听成语故事

小朋友，你有没有发现下面几幅图之间有一种对应关系？这种关系是什么呢？说一说，连一连。

我会写

矛	㇇	㇇	龴	予	矛

盾	㇒	厂	𠂆	斤	斤	盾	盾	盾	盾

hú lún tūn zǎo

囫囵吞枣

yǒu gè zhǎng zhě shuō chī lí yǒu yì yá chǐ dàn shì sǔn hài pí wèi chī zǎo yǒu
有个长者说，吃梨有益牙齿，但是损害脾胃；吃枣有
yì pí wèi dàn shì sǔn hài yá chǐ yí gè dì zǐ jiù shuō wǒ chī lí shí zhǐ jiáo
益脾胃，但是损害牙齿。一个弟子就说：“我吃梨时只嚼
bú yàn chī zǎo shí zhǐ yàn bù jiáo yǒu rén duì tā kāi wán xiào shuō tā shì hú lún
不咽，吃枣时只咽不嚼。”有人对他开玩笑，说他是囫囵
tūn diào le yì kē zǎo zhè ge gù shi chū zì zhàn yuān jìng yǔ rén men yòng hú
吞掉了一颗枣！这个故事出自《湛渊静语》。人们用“囫
lún tūn zǎo lái bǐ yù dú shū děng bù jiā fēn xī de lǒng tǒng jiē shòu
囵吞枣”来比喻读书等不加分析地笼统接受。

扫一扫
听成语故事

小朋友，果盘里的各种水果要怎么吃呢？是切成块吃，剥皮吃，还是都可以？里面有你喜欢吃的吗？

我会写

吞	一	二	チ	天	夭	吞	吞

枣	一	厂	丙	市	朿	朿	朿	枣

门可罗雀

汉朝的翟公起初在朝廷手握重权，每天拜访他的宾客很多。后来被贬职，他家门前就冷清得都可以张网捕捉麻雀了。这个故事出自《史记》。人们用“门可罗雀”来比喻门前冷落，世态炎凉。

扫一扫
听成语故事

小朋友，图中小孩扯哪一根线，才能成功抓到麻雀呢?

我会写

可	一	丆	𠫓	可	可

罗	丶	冖	罒	罒	罒	罗	罗	罗

láng tūn hǔ yàn
狼吞虎咽

yǒu gè guān yuán tè bié xǐ huan gè chù chī jiǔ xí yǒu yì huí
有个官员特别喜欢各处吃酒席。有一回
bié rén zuò shòu xí jiān tā bú gù chī xiàng xiàng láng hé hǔ yí
别人做寿，席间，他不顾吃相，像狼和虎一
yàng yì kǒu chě xià yí kuài ròu yí dà wǎn zhū tí shùn jiān chī gè
样，一口扯下一块肉，一大碗猪蹄瞬间吃个
jīng guāng zhè ge gù shi chū zì guān chǎng xiàn xíng jì rén
精光。这个故事出自《官场现形记》。人
men yòng láng tūn hǔ yàn lái bǐ yù chī dōng xi yòu měng yòu jí
们用“狼吞虎咽”来比喻吃东西又猛又急。

扫一扫
听成语故事

小朋友，我们在吃东西的时候，要向图中哪个人学习呢？

我会写

狼

咽

chǐ duǎn cùn cháng
尺短寸长

qū yuán bèi liú fàng yì dì xīn qíng
屈原被流放异地，心情
fán mèn biàn qù bài jiàn zhèng zhān yǐn
烦闷，便去拜见郑詹尹。
zhèng zhān yǐn duì tā shuō chǐ yǒu tā de
郑詹尹对他说：“尺有它的
bù zú cùn yǒu tā de cháng chù nín
不足，寸有它的长处……您
hái shì zūn cóng zì jǐ de nèi xīn qù xíng shì
还是遵从自己的内心去行事
ba zhè ge gù shi chū zì chǔ cí
吧！”这个故事出自《楚辞》。
rén men yòng chǐ duǎn cùn cháng lái bǐ yù
人们用“尺短寸长”来比喻
rén huò wù gè yǒu cháng chù hé duǎn chù bù
人或物各有长处和短处，不
néng yí gài ér lùn
能一概而论。

扫一扫
听成语故事

小朋友，羊身高两尺，骆驼的身高是羊的三倍，骆驼有多高呢？

我会写

尺	㇆	㇌	尸	尺

短	㇒	𠂉	𠂆	𠂒	矢	矢
矢	知	知	知	短	短	

jiǔ niú yì máo

九牛一毛

hàn cháo shí sī mǎ qiān yīn wèi tì lǐ líng biàn hù bèi guān jìn jiān yù lǐ tā zài
汉朝时，司马迁因为替李陵辩护，被关进监狱里。他在
yù zhōng gěi yǒu rén rén ān huí xìn shuō jiǎ rú wǒ rèn zuì bèi shā bú guò xiàng jiǔ tóu
狱中给友人任安回信说：“假如我认罪被杀，不过像九头
niú shī qù yì gēn máo ér yǐ zhè ge chéng yǔ chū zì sī mǎ qiān de bào rèn ān shū
牛失去一根毛而已。”这个成语出自司马迁的《报任安书》。
rén men yòng tā lái bǐ yù jí dà shù liàng zhōng wēi bù zú dào de yí bù fen
人们用它来比喻极大数量中微不足道的一部分。

扫一扫
听成语故事

小朋友，我们人类的头发平均约为 10 万根，试想一下，一头牛身上大概有多少根毛呢？从下面选择恰当的单位，在方框里打钩吧！

百□　　千□　　万□　　亿□

我会写

牛	ノ	𠂉	𠂒	牛

毛	ノ	二	三	毛

回	丨	冂	冂	冋	回	回

jīn pí lì jìn

筋疲力尽

lǐ gāng shì sòng cháo de kàng jīn míng chén dí jūn gōng chéng shí
李纲是宋朝的抗金名臣。敌军攻城时，
tā qīn zì dū zhàn shā tuì dí rén suī bèi jiān chén xiàn hài dàn shǐ
他亲自督战，杀退敌人。虽被奸臣陷害，但始
zhōng bú qì něi duì cháo tíng zhōng zhēn bú èr zhè ge chéng yǔ chū zì
终不气馁，对朝廷忠贞不贰。这个成语出自
tā de shī zuò bìng niú rén men yòng jīn pí lì jìn lái xíng
他的诗作《病牛》。人们用“筋疲力尽”来形
róng fēi cháng pí láo yì diǎnr lì qi yě méi yǒu
容非常疲劳，一点儿力气也没有。

小朋友，图中的两名士兵都在用力开弓射箭。请你估计一下，他们中谁的箭会射得更远一些?

我会写

力	㇇	力

尽	㇕	コ	尸	尺	尽	尽

栩栩如生

庄子梦见自己变成了蝴蝶。这只蝴蝶比真的蝴蝶还活灵活现，在空中翩翩起舞。这个故事出自《庄子》，“栩栩如生”就引自此。人们用它来形容艺术形象非常逼真，如同活的一样。

扫一扫
听成语故事

小朋友，你知道凤凰是什么颜色的吗？

根据你的想象，拿起画笔给图中的凤凰涂上颜色吧！

我会写

栩	一	十	才	木	朾	杊	杒	栩	栩	栩

生	丿	𠂉	𠂒	牛	生

南辕北辙

战国时，魏王想攻打赵国。大臣季梁劝道，有一个要去楚国的人应该往南，却赶着车往北走。大王如果要成就霸业，就不应该靠攻打他国来抬高声望。这个故事出自《战国策》。人们用“南辕北辙”来比喻行动和目的相反。

扫一扫
听成语故事

小朋友，如果要成功到达终点，应该选择图中的哪一条路呢？

我会写

南	一	十	𠂇	冂	冂	冂	冂	冂	南
北	丨	𠄌	丬	丬	北				

从容不迫

庄子和惠子一同出游，他们看到河里有一群鱼儿游得很慢，悠闲自在，庄子曰："鲦鱼出游从容，是鱼之乐也。"这个故事出自《庄子》。人们用"从容不迫"来形容非常镇静、不慌不忙的样子。

扫一扫
听成语故事

小朋友，你能看出水里的几种鱼在数量上有什么规律吗？

我会写

从	丿	人	从	从

容	丶	丶	宀	宀	宀	穸	穸	容	容	容

调虎离山

周武王伐纣，一个道士献上“调虎离山”的计策。军师姜子牙依计行事，事先埋伏，将敌军引诱出城，再一举包围，大获全胜。这个故事出自《封神演义》。人们用“调虎离山”来比喻为了便于乘机行事，想法子引诱有关的人离开原来的地方。

扫一扫
听成语故事

小朋友，帮一帮兔子和白鸽，它们走哪一条路能更快到达外婆家呢？

我会写

调	丶	讠	讠	讠冂	讠冂	讠冂	讠冂	调	调	调

山	丨	山	山

bèn niǎo xiān fēi
笨鸟先飞

sòng cháo kāi kē xuǎn shì féng shì de dà ér èr ér
宋朝开科选士，冯氏的大儿、二儿
xiān hòu zhòng le zhuàng yuan sān ér què zhǐ zhòng le tàn huā sān
先后中了状元，三儿却只中了探花。三
dì duì èr gē shuō wǒ xiàng nà líng qín fēi zài hòu miàn
弟对二哥说：“我像那灵禽飞在后面，
nǐ shì bèn niǎo xiān fēi sān dì fā fèn kǔ dú zhōng yú
你是笨鸟先飞。”三弟发奋苦读，终于
yě zhòng le zhuàng yuan zhè ge gù shi chū zì chén mǔ jiào zǐ
也中了状元。这个故事出自《陈母教子》。
rén men yòng bèn niǎo xiān fēi lái bǐ yù néng lì chà de rén
人们用“笨鸟先飞”来比喻能力差的人
zuò shì shí kǒng pà luò hòu bǐ bié rén xiān xíng dòng
做事时，恐怕落后，比别人先行动。

扫一扫
听成语故事

小朋友，上面三幅图画的是笨鸟先飞的经过，你能标出先后顺序吗?

我会写

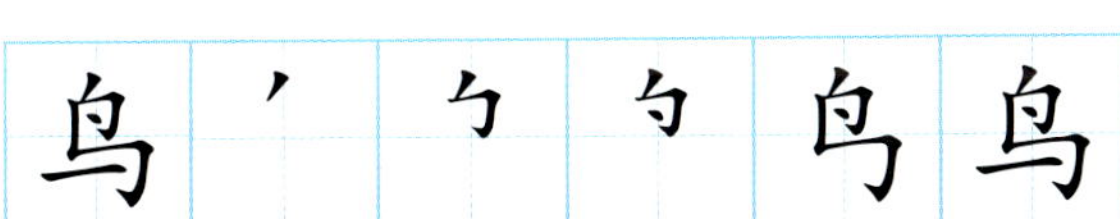

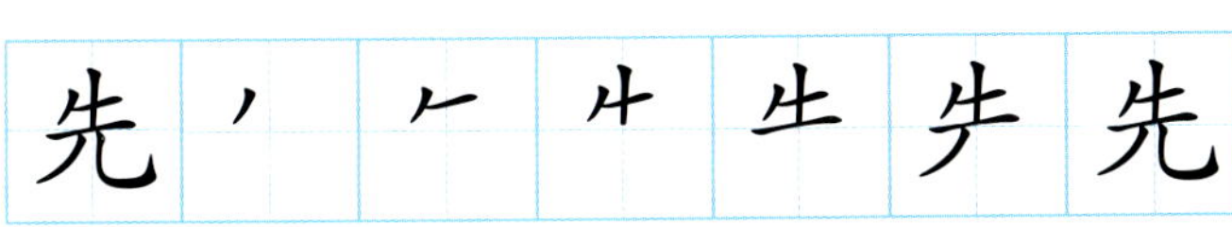

呆若木鸡

战国时流行斗鸡。齐宣王任命高手纪渻子替他训练斗鸡。数十日过去，纪渻子所养斗鸡由骄悍变得呆愣，形似木鸡。这个故事出自《庄子》。人们用“呆若木鸡”来形容人因恐惧或惊讶而发愣的神态。

扫一扫
听成语故事

小朋友，图中的哪一个人可以用“呆若木鸡”来形容呢?

我会写

呆	丶	冂	口	㔾	旦	𣎆	呆

若	一	十	廾	艹	𦫳	芀	若	若

骑虎难下

有个猎户遇到了一只老虎，老虎想要把他吃掉，他只好爬到树上。这时树枝断了，猎户掉到了老虎的背上，却没法下来。这个成语出自《晋书》。人们用它来比喻事情中途遇到困难，为形势所迫，又难以中止。

扫一扫
听成语故事

小朋友，并不是所有的动物都能骑着玩耍的哦！你知道上面四个人，谁会有危险吗？

我会写

骑	㇆	马	马	马⁻	马ᐩ
马ᐩ	马	马	骑	骑	骑

下	一	丅	下

入木三分

王羲之是东晋书法家。有一次皇帝要去祭祀，让他在木板上写字，然后去找人雕刻。刻字的人发现墨汁透入木板有三分深，于是赞叹不已。这个故事出自唐朝张怀瓘的《书断》。人们用“入木三分”来形容书法刚劲有力，也用来形容议论、见解深刻。

扫一扫
听成语故事

小朋友，你知道上面的图分别是从什么角度看木板的吗？

我会写

木	一	十	才	木
分	ノ	八	今	分

四面楚歌

楚汉交战时，项羽的军队被汉军和诸侯的军队包围。夜间听到四面汉军都唱楚歌，项羽吃惊地说："汉军把楚地都占领了吗？为什么楚人这么多？"这个故事出自《史记》。人们用"四面楚歌"来形容四面受敌，处于孤立危急的困境。

扫一扫
听成语故事

小朋友，东、南、西、北四个方向你分得清吗？在图中的方框里填上正确的方向吧。

我会写

面

歌

夜以继日

周公旦辅助年幼的成王执政，平定内忧外患，制定礼法与刑律，使西周的统治稳固起来。孟子称赞他：“周公思兼三王，以施四事；其有不合者，仰而思之，夜以继日；幸而得之，坐以待旦。”这个故事出自《孟子》。人们用“夜以继日”来形容人勤奋劳苦，日夜不停。

扫一扫
听成语故事

我国古代的一个时辰相当于我们现在的两个小时，时辰按照顺序一共有子时、丑时、寅时、卯时、辰时、巳时、午时、未时、申时、酉时、戌时、亥时十二个。子时代表的是夜半 23:00—01:00，以此推算，图中钟表上的时间分别对应哪个时辰呢?

我会写

以	㇙	㇙丶	以?	以

日	丨	冂	月	日

péng chéng wàn lǐ

鹏程万里

hěn jiǔ yǐ qián, běi hǎi yǒu yì tiáo jiào
很久以前，北海有一条叫
zuò "kūn" de dà yú, hòu lái kūn huà zuò
作“鲲”的大鱼，后来鲲化作
yì zhī niǎo, rén men bǎ tā jiào zuò "péng".
一只鸟，人们把它叫作“鹏”。
zài hòu lái, dà péng niǎo chéng zhe fēng, fēi shàng
再后来，大鹏鸟乘着风，飞上
le jiǔ wàn lǐ zhī wài de gāo kōng. zhè ge gù
了九万里之外的高空。这个故
shi chū zì 《zhuāng zǐ》. rén men yòng "péng
事出自《庄子》。人们用“鹏
chéng wàn lǐ" lái xíng róng qián chéng yuǎn dà.
程万里”来形容前程远大。

扫一扫
听成语故事

小朋友，你能指出图中的大鹏和麻雀分别在哪里吗？

我会写

婷婷讲
成语故事

4

胡婷婷 著

岳麓書社 · 长沙

目录

按图索骥

伯乐擅长识马，并把识马的方法写进《相马经》里。有一天他的儿子根据《相马经》找回一只癞蛤蟆，并说自己带回来一匹好马。这个故事出自明代杨慎的《艺林伐山》。

人们用“按图索骥”来比喻按照死规矩机械、呆板地做事，也泛指按照线索寻找目标。

扫一扫
听成语故事

小朋友，睁大你的眼睛，找一找图中两匹马有什么不同之处。

我会写

按

图

开卷有益

宋朝初年，宋太宗下令编写《太平总类》，不管多忙，宋太宗都要求自己每天阅读三卷。侍奉的人劝他多休息，他说：“开卷有益，朕不以为劳也。”这个故事出自宋代王辟之的《渑水燕谈录》。人们用“开卷有益”来形容只要读书就会有益处。

扫一扫
听成语故事

小朋友，这部总共一千卷的《太平御览》（即《太平总类》），宋太宗每天读三卷，他多少天能读完呢？

我会写

开 一 二 チ 开

有 一 ナ 𠂇 冇 有 有

ǒu xīn lì xuè

呕心沥血

táng cháo shī rén lǐ hè yīn wèi xǐ huan zuò shī ér fèi jìn xīn
唐朝诗人李贺因为喜欢作诗而费尽心
si mǔ qīn jiàn cǐ xīn téng de shuō zhè ge ér zi yào ǒu chū
思，母亲见此心疼地说：“这个儿子要呕出
xīn gān cái tíng zhǐ a zhè ge gù shi chū zì xīn táng shū
心肝才停止啊！”这个故事出自《新唐书》。
lì xuè chū zì hán yù guī péng chéng yì shī kū
“沥血”出自韩愈《归彭城》一诗：“刳
gān yǐ wéi zhǐ lì xuè yǐ shū cí rén men hòu lái bǎ ǒu
肝以为纸，沥血以书辞。”人们后来把“呕
xīn hé lì xuè hé zài yì qǐ xíng róng fèi jìn xīn xuè
心”和“沥血”合在一起，形容费尽心血。

扫一扫
听成语故事

李贺写诗呕心沥血，其诗作充满想象，常常以神话托古喻今，因此被后人称为“诗鬼”。小朋友，你知道图中其他诗人的称号吗？请用线把它们连起来。

诗圣　　诗魔　　诗佛　　诗仙　　诗狂

我会写

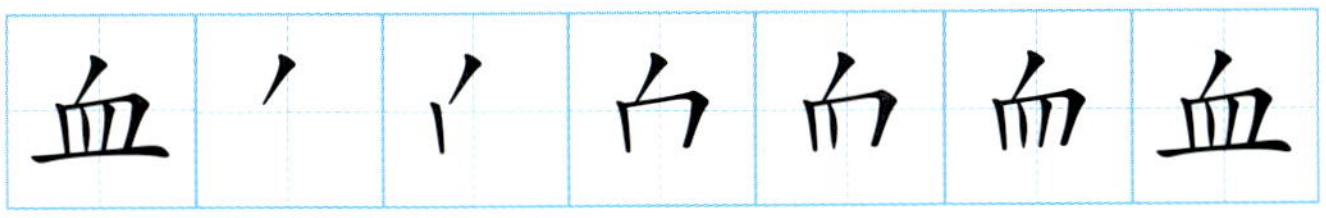

zhòng zhì chéngchéng
众志成城

chūn qiū mò nián zhōu jǐng wáng bú gù dà chén fǎn duì
春秋末年，周景王不顾大臣反对，
fèi xiǎo qián ér zào dà qián sōu guā bǎi xìng cái chǎn hòu
废小钱而造大钱，搜刮百姓财产。后
lái yòu wèi le gè rén xiǎng lè zhù zào liǎng kǒu dà zhōng
来，又为了个人享乐，铸造两口大钟。
pāi mǎ pì de rén dōu shuō dà zhōngshēng yīn hé xié hǎo tīng sī
拍马屁的人都说大钟声音和谐好听，司
yuè guānzhōu jiū què rèn wéi tiān xià bǎi xìng wèi zhè jiàn shì gāo xìng
乐官州鸠却认为天下百姓为这件事高兴
cái suàn hé xié bìng yòng mín yàn zhòng xīn zhì chéng
才算和谐，并用民谚“众心（志）成
chéng zhòng kǒu shuò jīn lái quàn jiè tā zhè ge gù shi chū
城，众口铄金”来劝诫他。这个故事出
zì guó yǔ rén men yòng zhòng zhì chéng chéng lái
自《国语》。人们用“众志成城”来
bǐ yù dà jiā tuán jié yí zhì lì liàng jiù wú bǐ qiáng dà
比喻大家团结一致，力量就无比强大。

扫一扫
听成语故事

图中有段城墙是用石头垒成的，这些石头都被加工成了石砖。假设最底下一层铺了十二块砖，上面一层比最底下一层少铺一块砖，再上面一层又少铺一块，以此类推，一共铺了七层。请问从上往下数的第三层有几块砖?

我会写

fèi qǐn wàng shí

废寝忘食

chǔ guó yè xiàn xiàn lìng xiàng zǐ lù dǎ tīng kǒng zǐ de wéi rén
楚国叶县县令向子路打听孔子的为人，
zǐ lù bù zhī rú hé huí dá kǒng zǐ zhī dào hòu huí dá shuō
子路不知如何回答。孔子知道后回答说：
nǐ kě yǐ gào su tā kǒng zǐ zhè ge rén a yì dú qǐ shū
“你可以告诉他，孔子这个人啊，一读起书
lái jiù wàng jì le chī fàn fā fèn wàng shí hòu lái rén men
来就忘记了吃饭（发愤忘食）。”后来人们
biàn cóng fā fèn wàng shí yì cí yǐn shēn chū fèi qǐn wàng shí
便从“发愤忘食”一词引申出“废寝忘食”，
yòng lái xíng róng rén zhuān xīn zhì zhì yú mǒu yí jiàn shì
用来形容人专心致志于某一件事。

扫一扫
听成语故事

小朋友，你平时的作息正常吗？请把图中的时间和对应的作息活动连起来吧！

我会写

忘 丶 亠 亡 𠃊 忘 忘 忘

食 丿 人 亼 今 今 今 今 食 食

杯水车薪

有个樵夫把一车柴草推到一家茶馆旁。喝茶时柴车着火了，他端着一杯茶水向柴车泼去，等他再端水出去时柴草已化为灰烬。这个成语出自《孟子》。人们用它来比喻力量太小，无济于事，解决不了问题。

扫一扫
听成语故事

小朋友，一杯水根本不可能浇灭一车燃烧的柴。假如是你面对这场火，你会用下面哪种设备去灭火呢？

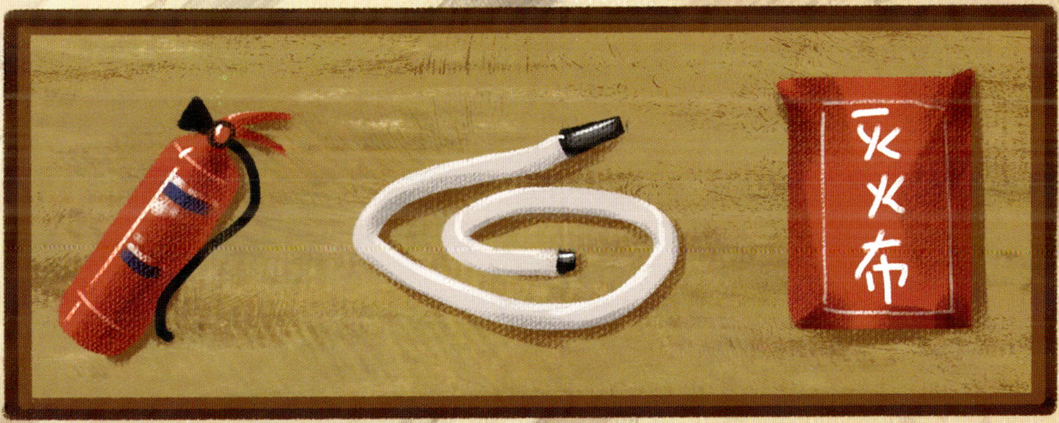

我会写

杯	一	十	才	木	木一	杅	杯	杯

车	一	𠂉	三	车

yú gōng yí shān

愚公移山

yú gōng xiǎng bǎ jiā mén qián de liǎng zuò dà shān yí
愚公想把家门前的两座大山移
diào zhì sǒu xiào tā tài shǎ tā huí dá shuō wǒ
掉，智叟笑他太傻，他回答说：“我
sǐ le yǒu ér zi ér zi sǐ le hái yǒu sūn zi zǐ
死了有儿子，儿子死了还有孙子，子
zǐ sūn sūn méi yǒu qióng jìn zhè liǎng zuò shān zǒng huì bèi
子孙孙没有穷尽。这两座山总会被
yí diào de zhè ge gù shi chū zì liè zǐ
移掉的。”这个故事出自《列子》。
rén men yòng yú gōng yí shān lái jiè zhǐ zuò shì yǒu
人们用“愚公移山”来借指做事有
yì lì yǒu héng xīn bú pà kùn nan
毅力，有恒心，不怕困难。

扫一扫
听成语故事

愚公有老大、老二两个儿子，如果老大和老二将来各有两个儿子，他们的儿子将来又各有两个儿子……那么到了第四代，愚公一共会有多少个子孙呢？

我会写

公	丿	八	公	公

移	ノ	二	千	禾	禾
禾	移	移	移	移	移

jīng wèi tián hǎi

精卫填海

yán dì de nǚ ér zài dōng hǎi yān
炎帝的女儿在东海淹
sǐ huà wéi jīng wèi niǎo měi tiān xián
死，化为精卫鸟，每天衔
xī shān de mù shí lái tián dōng hǎi
西山的木石来填东海，
xiǎng bǎ dōng hǎi tián píng zhè ge gù shi
想把东海填平。这个故事
chū zì shān hǎi jīng rén men yòng
出自《山海经》。人们用
jīng wèi tián hǎi lái bǐ yù bú wèi
“精卫填海”来比喻不畏
jiān nán nǔ lì fèn dòu
艰难，努力奋斗。

扫一扫
听成语故事

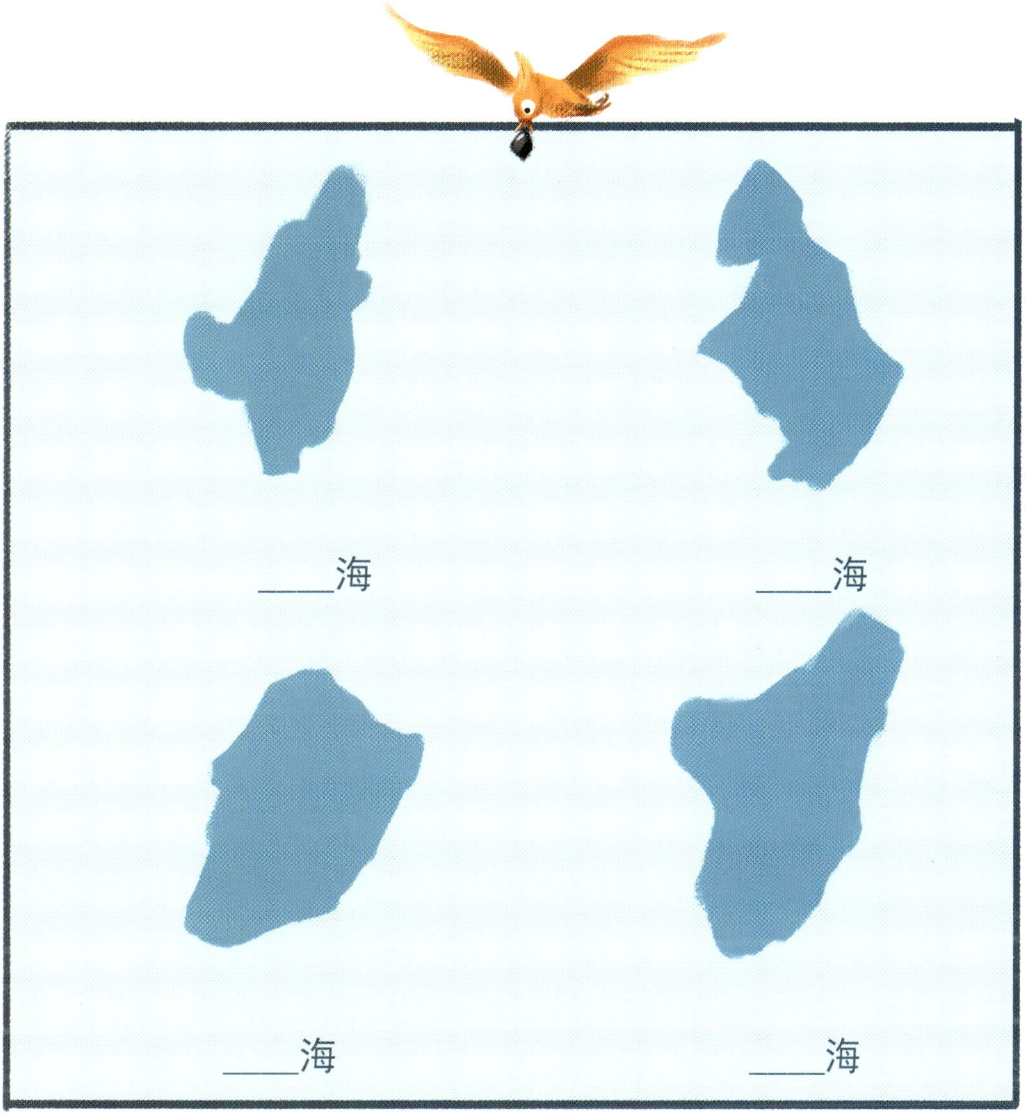

小朋友，我国有四大领海，分别是渤海、黄海、东海和南海，你知道它们的位置分别在哪里吗？请你在图上找出来，并把它们的名字填在相应的横线上。

我会写

卫	㇆	卩	卫

海	丶	冫	氵	氵	氵	氵	海	海	海	海

jié zé ér yú
竭泽而渔

chūn qiū shí qī jìn wén gōng wèn dà chén men rú
春秋时期，晋文公问大臣们如
hé zhàn shèng chǔ guó hú yǎn xiàn jì yòng qī piàn de
何战胜楚国，狐偃献计用欺骗的
bàn fǎ yōng jì shuō zhè yàng shì bǎ chí shuǐ nòng gān zhuō
办法，雍季说这样是把池水弄干捉
yú dào dì èr nián jiù méi yú zhuō le zhè ge gù shi
鱼，到第二年就没鱼捉了。这个故事
chū zì lǚ shì chūn qiū rén men yòng jié zé ér
出自《吕氏春秋》。人们用“竭泽而
yú lái bǐ yù qǔ zhī bù liú yú dì zhǐ gù yǎn qián
渔”来比喻取之不留余地，只顾眼前
lì yì bú gù cháng yuǎn lì yì
利益，不顾长远利益。

扫一扫
听成语故事

小朋友，观察一下，你能从池塘里不同颜色的鱼儿的数量，发现它们之间的数字规律吗？

我会写

qǔ gāo hè guǎ

曲高和寡

战国时期有个叫宋玉的人，有人因为嫉妒他的才华，在楚王面前说他的坏话。楚王问及原因，宋玉回答道：“唱的曲子越是高雅，能跟着唱的人也就越少。”这个故事出自《对楚王问》。人们用“曲高和寡”来比喻言论或艺术作品不通俗，能理解或欣赏的人很少。

扫一扫
听成语故事

小朋友，你有没有发现图中音符与音符之间有什么规律？按照这个规律，第七个音符应该是什么呢？

我会写

曲	丨	冂	冂	冂	冊	曲

和	㇒	二	千	禾	禾	和	和	和

集思广益

三国时期，诸葛亮在刘备去世后打理国家大事，事事亲力亲为，杨颙建议他进行分工。诸葛亮就鼓励手下的人一起做事，集中大家的智慧，让事情井井有条。这个成语出自诸葛亮的《教与军师长史参军掾属》。人们用它来比喻集中众人的智慧，广泛吸收有益的意见。

扫一扫
听成语故事

小朋友，请连一连图中的分工合作。

我会写

思	丨	冂	日	田	田	甲	思	思	思

广	丶	亠	广

专心致志

棋艺高超的弈秋收了两个学生。上课时，一个学生听得很认真，一个学生老是开小差。课后，弈秋让两个学生对弈。上课认真的学生攻守从容有序，三心

二意的学生无还手之力。弈秋感叹：“不专心致志地学习，是学不好的啊！”这个故事出自《孟子》。人们用“专心致志”来比喻一心一意，集中精神。

扫一扫
听成语故事

小朋友，观察一下，图中有几只天鹅，几只兔子呢？

我会写

专	一	二	专	专

致	一	𠃋	𠫔	𠫔	至	至	至	至	致	致

唇亡齿寒

春秋时期，晋国想要攻打虢国，向虞国借道。虞国大臣宫之奇说虞国与虢国就像牙齿与嘴唇，嘴唇没了，牙齿就会寒冷。虞国国君不听，晋在灭虢之后，果然把虞国也灭了。这个故事出自《左传》。人们用“唇亡齿寒”来比喻关系密切，利害相关。

扫一扫
听成语故事

小朋友，成语不仅有四个字的，还有五个字、六个字的，甚至还有八个字的。下面是几个常用的八字成语，请你从中选出与“唇亡齿寒”意思接近的成语，在后面的括号里打钩。

城门失火，殃及池鱼　（　　）

差之毫厘，谬以千里　（　　）

皮之不存，毛将焉附　（　　）

覆巢之下，岂有完卵　（　　）

我会写

唇	一	厂	𠂆	𠩺	尸	尸	辰	辰	唇	唇

齿	丨	⺊	止	止	齿	齿	齿	齿

管中窥豹

王羲之的儿子王献之看父亲的门生玩五木戏，说其中一人要输，对方说王献之从竹管中只看到豹子身上的一个斑点，看不到整只豹子。这个故事出自《世说新语》。人们用“管中窥豹”来比喻只见到事物的一小部分。

扫一扫
听成语故事

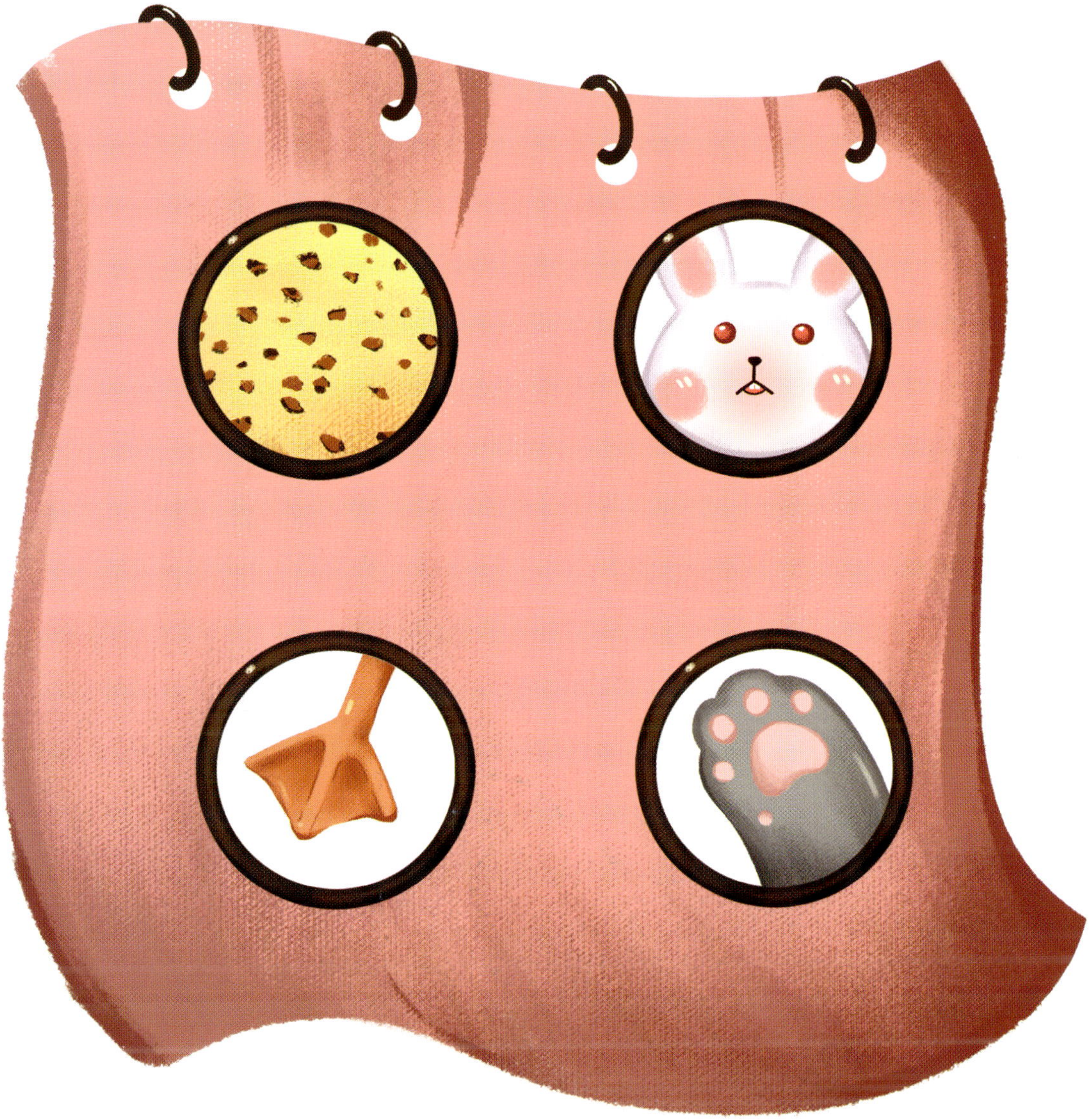

小朋友，你能从上面的“管”中窥出它们各自是什么动物吗？

我会写

管

豹

弄巧成拙

有个和尚请北宋画家孙知微为寺庙画一幅画，孙知微画好草图后就把上色的工作交给弟子们。一人见画上的瓶子空着就加了朵粉红色的莲花，降妖除魔的神器一下子就成了普通花瓶。这个故事出自《拙轩颂》。人们用“弄巧成拙”来比喻想耍巧妙的手段，结果反而坏了事。

扫一扫
听成语故事

小朋友，你能和弟子们一决高下，把下面的画涂上颜色吗？

我会写

成	一	厂	万	成	成	成

拙	一	丁	扌	扌	扌	扌	拙	拙

狡兔三窟

战国时期，齐相孟尝君派门客冯谖去薛地收债，冯谖却免去薛地百姓债务，称买回了“义”。孟尝君遭难时才明白冯谖的用心。冯谖说：“狡猾的兔子有三个窝才免遭一死。”之后，他又帮孟尝君营造了两个“窝”，让孟尝君安安稳稳做了几十年相国。这个故事出自《战国策》。人们用“狡兔三窟”来比喻有多个藏身的地方。

扫一扫
听成语故事

兔子已经打好了两个洞，准备打第三个洞。为了保证能安全地喝到水，兔子决定把第三个洞打在河边。请你帮兔子选一个最好的地点，使得兔子在这三个洞之间走一遍的路线最短。

我会写

狡

兔

一鸣惊人

战国时期，齐威王一连三年不理朝政，导致齐国被其他诸侯国攻击。淳于髡用隐语问有只大鸟三年不飞不叫的原因。齐威王说：“这只鸟不飞则已，一飞冲天；不鸣则已，一鸣惊人！”

从此，齐威王整顿朝政，训练军队，使国家强盛。这个故事出自《史记》。人们用“一鸣惊人”来比喻平时没有特殊的表现，一干就有惊人的成绩。

扫一扫
听成语故事

小朋友，下面这些成语你能继续往下接吗？

yì míng jīng rén　rén cái chū zhòng　zhòng kǒu shuò jīn
一鸣惊人 → 人才出众 → 众口铄金
↓
guǒ bù qí rán　yán xìn xíng guǒ　jīn yù liáng yán
果不其然 ← 言信行果 ← 金玉良言
↓

我会写

鸣	丨	𠃍	口	口′	叫	呜	鸣	鸣

惊	′	′′	忄	忄′	忙
忙	忙	怡	悖	惊	惊

有备无患

春秋时，晋悼公联合其他诸侯国攻打郑国，郑国送上重礼求和。晋悼公把一半重礼送给功臣魏绛。魏绛不肯接受，并婉言劝谏道：“《书》曰：‘居安思危。’思则有备，有备无患，敢以此规。”这个故事出自《左传》。人们用“有备无患”来比喻事先有准备就可以躲避祸患。

扫一扫
听成语故事

小朋友，下面这些都是用来急救的物品，你知道它们各自的用途吗?

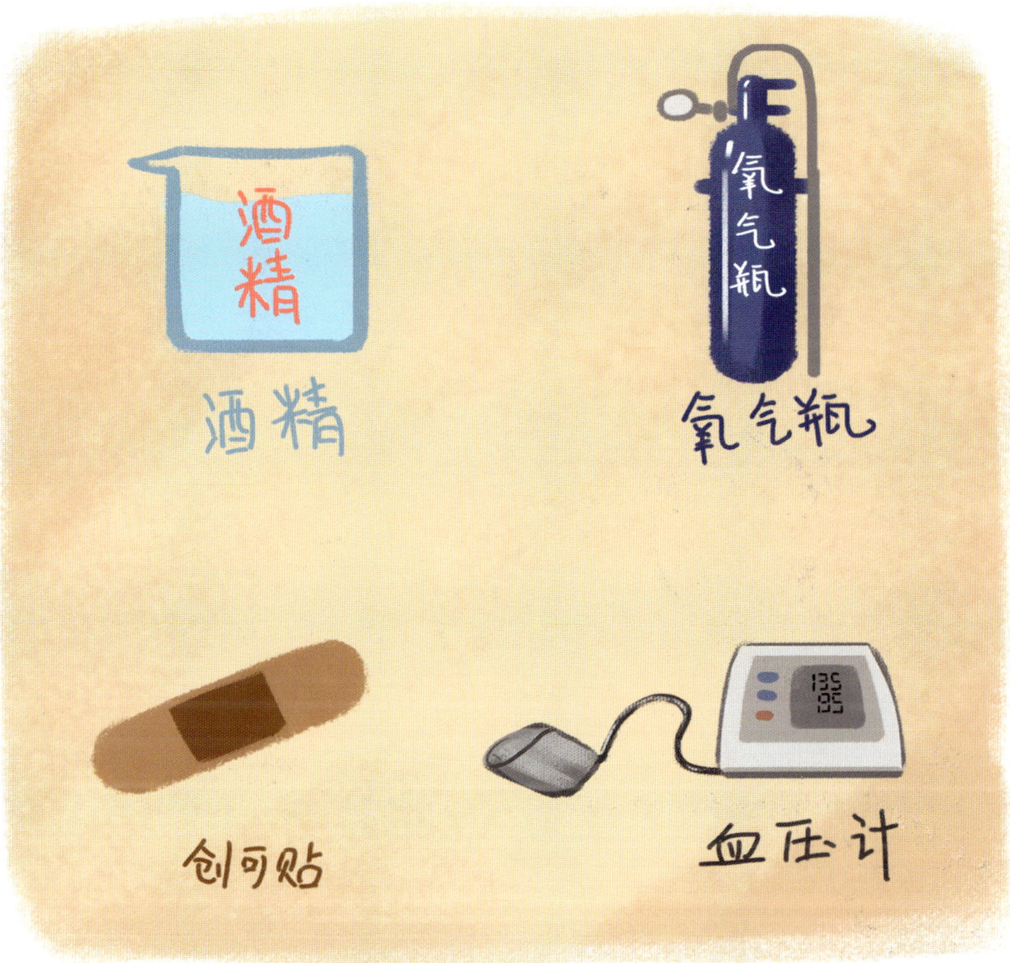

我会写

备	㇒	㇒㇇	夂	夂	各	各	备	备

患	丶	冖	口	口	吕
吕	串	串	患	患	患

bān mén nòng fǔ
班门弄斧

明代诗人梅之焕到采石矶凭吊李白，看到李白墓上被人留了很多拙劣无比的诗句，怒从中来，挥笔题下一首诗：“采石江边一堆土，李白之名高千古。来来往往一首诗，鲁班门前弄大斧。”这个成语最初出自《王氏伯仲唱和诗序》。人们用它来比喻在行家面前卖弄本领。

扫一扫
听成语故事

小朋友，如果鲁班一分钟可以劈 10 根柴，另一人一分钟只能劈 6 根，那么 5 分钟后，两人一共劈了多少根柴？

我会写

shǔ mù cùn guāng
鼠目寸光

xíng róng mù guāng duǎn qiǎn zhǐ néng kàn dào jìn
形容目光短浅，只能看到近
chù xiǎo chù kàn bú dào yuǎn chù dà chù zhè
处、小处，看不到远处、大处。这
ge chéng yǔ chū zì jiǎng shì quán lín chuān mèng
个成语出自蒋士铨《临川梦》：
xià de nà yì bān shǔ mù cùn guāng de shí wén péng
“吓得那一班鼠目寸光的时文朋
you bài dǎo yuán mén máng chēng xiā zàn rén
友，拜倒辕门，盲称瞎赞。”人
men yòng tā lái bǐ yù yǎn guāng duǎn jiàn shi qiǎn
们用它来比喻眼光短，见识浅。

扫一扫
听成语故事

小朋友，你了解中国的十二生肖吗？请按排列的顺序根据拼音填字。

shǔ

niú

hǔ

tù

lóng

shé

mǎ

yáng

hóu

jī

gǒu

zhū

我会写

鼠

光

guā mù xiāng kàn
刮目相看

三国时期，吕蒙虽然有战功，但是没有学识，于是发奋读书。之后鲁肃与他谈事，吕蒙的口才让鲁肃很佩服。鲁肃惊讶道：“你如今已不再是过去的阿蒙了。”

吕蒙笑着说：“士别三日，当刮目相看啊！”这个故事出自《三国志》。人们用“刮目相看”来比喻用新的眼光来看待。

扫一扫
听成语故事

小朋友，你能找出上面两幅图的不同之处吗？

我会写

刮	一	二	千	千	舌	舌	刮	刮

看	一	二	三	手	手	看	看	看	看

口若悬河

西晋时期，有个叫郭象的人善于思考，知识丰富。一次，太尉王衍与他聊天，发现郭象能言善辩，很有见识，就说：“郭子玄语议如悬河泻水，注而不竭。”这个故事出自《世说新语》。人们用“口若悬河”来比喻能言善辩。

扫一扫
听成语故事

量力而行	行云流水
水深火热	热火朝天
天长地久	

小朋友，你能把上面的成语接龙玩下去吗？

我会写

悬	丨	冂	冃	月	且
县	县	县	悬	悬	悬

河	丶	冫	氵	汇	汀	沔	沔	河

yì jǔ liǎng dé
一举两得

dōng hàn shí qī gěng yǎn wéi gōng zhāng bù zhāng bù pài rén shǒu zhe xī ān yǔ lín zī
东汉时期，耿弇围攻张步，张步派人守着西安与临淄。
gěng yǎn shuō yào gōng dǎ xī ān shí jì shàng què fā bīng lín zī zài duì fāng shǒu xī ān shí gōng
耿弇说要攻打西安，实际上却发兵临淄。在对方守西安时攻
xià lín zī xī ān jiù chéng le yí zuò gū chéng zhè yàng jiù yì jǔ liǎng dé le zhè ge gù
下临淄，西安就成了一座孤城，这样就一举两得了。这个故
shi chū zì dōng guàn hàn jì rén men yòng yì jǔ liǎng dé lái bǐ yù zuò yí jiàn shì
事出自《东观汉记》。人们用“一举两得”来比喻做一件事
qing dé dào liǎng zhǒng shōu huò
情，得到两种收获。

扫一扫
听成语故事

小朋友，下面的生活物品是不是有其他的用途呢？请你说说看。

我会写

举

得

言归于好

春秋战国时期，齐桓公在葵丘召开结盟会议，各国都达成了一致。最后齐桓公要求结盟的各国消除过去双方不愉快的事，重新友好相处。这个故事出自《左传》。人们用“言归于好”来比喻彼此重新和好。

扫一扫
听成语故事

小朋友，我国古代春秋时期分为很多个诸侯国，你知道这些诸侯国大致在今天的什么位置吗？请用线将它们连起来。

我会写

言	丶	亠	亠	言	言	言	言

归	丨	刂	归	归	归

各司其职

战国时期，晋国的智伯权力很大，想要取代晋哀公，就联合韩、魏两家士兵围住晋阳。张孟建议挖沟砌墙，守着不出来。智伯想出用水淹城的方法，并吩咐韩、魏两家各自做好自己的工作：“今日便须派定路数，各司其事（职）。”这个故事出自《东周列国志》。人们用“各司其职”来比喻各自管好、做好自己的本职工作。

扫一扫
听成语故事

小朋友，把上图中左右两边相关的物品连起来吧！

我会写

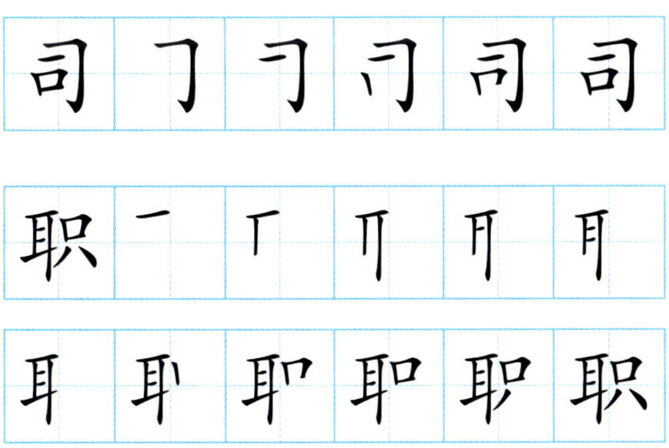

图书在版编目(CIP)数据

婷婷讲成语故事:全四册/胡婷婷著.—长沙:岳麓书社,2019.11
ISBN 978-7-5538-1143-7

Ⅰ.①婷…　Ⅱ.①胡…　Ⅲ.①汉语—成语—故事—少儿读物
Ⅳ.①H136.31-49

中国版本图书馆 CIP 数据核字(2019)第 094595 号

TINGTING JIANG CHENGYU GUSHI(QUAN SI CE)
婷婷讲成语故事(全四册)
作　　者:胡婷婷
策　　划:蔡　晟
责任编辑:王　彦　王　畅
责任校对:舒　舍
封面设计:李梓萌

岳麓书社出版发行
地址:湖南省长沙市爱民路 47 号
直销电话:0731-88804152　0731-88885616
邮编:410006
岳麓书社网址:www.yueluhistory.com

2019 年 11 月第 1 版第 1 次印刷
开本:787mm×1092mm　1/16
印张:14
字数:74 千字
印数:1—8 000
ISBN 978-7-5538-1143-7
(全四册)定价:120.00 元

承印:长沙超峰印刷有限公司

如有印装质量问题,请与本社印务部联系
电话:0731-88884129